Edition ✹ Maritim

Edition ✹ Maritim

Inhalt

Einleitung

Hurtigruten ist unvergleichlich! Das ist kein Werbeslogan, sondern die Wahrheit: Weltweit gibt es keinen Liniendienst über 2500 Seemeilen, der seit 1893 ununterbrochen existiert. Was für eine Tradition und was für Entfernungen! Hurtigruten ist aber nicht nur etwas Besonderes aufgrund des Alters und der Länge der Strecke. Die Kulisse der norwegischen Küste macht eine Reise mit den Postdampfern ebenso unvergesslich.

Hurtigruten ist keine Kreuzfahrt und das ist gut so. Gegründet wurde Hurtigruten als schnelle Schifffahrtsroute für den Transport von Waren und Passagieren zwischen Nordnorwegen und den Städten Westnorwegens. Touristen aus aller Welt haben Hurtigruten erst später als eine originelle Mitfahrgelegenheit auf einem Frachtschiff entdeckt. Weltweit stieg die Zahl der Liebhaber der norwegischen Postdampfer, lange bevor man auf irgendwelchen Internetportalen »Fan« werden konnte.

Postdampfer, ja, das waren die Schiffe auch. Bevor die Post per Flugzeug in den hohen Norden kam, nahmen die Hurtigrutenschiffe diese Funktion wahr. Bis heute dürfen sie die norwegische Postflagge am Heck führen, auch wenn sich die Zahl der transportierten Postsäcke stark reduziert hat.

Einer der Beinamen dieser Linienverbindung war »Reichsstraße Nummer 1«. Man stelle sich die Zeit um

Willkommen an Bord von Hurtigruten.

Unter den schneebedeckten Gipfeln wirken die Hurtigrutenschiffe klein.

1950 vor, die allgemeine Motorisierung steckte in Europa noch in den Kinderschuhen. Das Straßennetz in Norwegen war dünn und beschränkte sich weitgehend auf den Süden des Landes. Zerklüftet durch hohe Berge und tiefe Fjorde war und ist der Straßenbau eine Herausforderung für Mensch und Maschinen.

Für Norwegen war der Wasserweg über Jahrhunderte der schnellste und effektivste Weg. Der Golfstrom hält die Küste im Winter eisfrei, die Häfen sind erreichbar. Schaut man sich eine Landkarte von Norwegen an, stellt man schnell fest, dass alle größeren Städte an der Küste liegen oder zumindest Zugang zum Meer haben. Ausnahmen sind nur Lillehammer und die ostnorwegische Bergbaustadt Røros. Oslo, Bergen, Trondheim, Stavanger, Fredrikstad, Tromsø – alle bedeutenden Städte liegen am Meer oder an einem Fjord. Ein Liniendienst zwischen Süd- und Nordnorwegen war die logische Konsequenz. Im Zeitalter der Dampfschiffe wurde es möglich, Fahrpläne aufzustellen, die unter Segeln nie zuverlässig einzuhalten gewesen wären.

Von der Gründung bis zum Zweiten Weltkrieg war Hurtigruten eine innernorwegische Verbindung, die von Touristen selten genutzt wurde. Mit der ersten neuen Schiffsgeneration hat sich dies ab den 1950er-Jahren Stück für Stück geändert. Die entscheidende Weichenstellung erfolgte 1993: Seither sind die Schiffe größer und bieten Urlaubern alle Annehmlichkeiten moderner Fährschiffe, ja fast schon kleiner Kreuzfahrtschiffe. Trotz dieser Konzeptänderung an Bord blieben die Hurtigrutenschif-

fe, was sie immer waren: Schiffe eines Liniendienstes für Passagiere und Fracht entlang der norwegischen Küste mit täglichen Abfahrten. Zwischen einer Reise mit Hurtigruten und einer Kreuzfahrt gibt es deutliche Unterschiede: Für die Kreuzfahrtschiffe spricht, dass sie tiefer in einige Fjorde hineinfahren, während Hurtigruten weitgehend dem Verlauf der Küste folgt. Doch zwischen diesen Stippvisiten bewegen sich die Kreuzfahrtschiffe auf offener See; die Hurtigrutenschiffe fahren hingegen direkt an der Küste, geschützt durch Inseln. So bringen sie den Passagieren die Landschaft ganz nah. Eine Woche auf einem Kreuzfahrtschiff bedeutet meist fünf bis sechs Hafenanläufe, bei Hurtigruten sind es von Bergen bis Kirkenes 36 Häfen. Auf dem Kreuzfahrtschiff bleibt man unter sich, bei Hurtigruten steigen Passagiere zu und wieder aus, wird Fracht per Gabelstapler an Bord gebracht und einige Häfen später entladen – es herrscht ein völlig anderer Rhythmus als auf einem Kreuzfahrtschiff. Ob Hurtigruten wirklich die »schönste Seereise der Welt« ist, wie ein Werbeslogan lange behauptete, mag jeder selbst beurteilen. Auf jeden Fall ist eine Reise mit Hurtigruten weltweit einmalig.

Wie alles begann

Das norwegische Innenministerium schrieb 1892 die Lizenz für eine postführende Expresslinie zwischen Trondheim und der Region Finnmark aus. Im Sommer sollte sie bis Hammerfest oder Vadsø gehen, im Winter bis Tromsø oder Hammerfest. Seit

1865 gab es zwar bereits Liniendienste von Trondheim nach Hammerfest, die von der Reederei Det Nordenfjeldske Dampskibsselskab aus Trondheim und ihrer Rivalin aus Bergen, Det Bergenske Dampskibsselskab, mit staatlichen Zuschüssen betrieben wurden. Aber durch das Anlaufen von 58 Ortschaften waren die Schiffe lange unterwegs. Zudem wurde nur tagsüber gefahren, da es zu wenige Leuchttürme gab und die Strecke deshalb schlecht befeuert war.

1881 hatte Kapitän Richard With zusammen mit Kaufleuten von der Inselgruppe Vesterålen eine kleine Reederei gegründet, die Vesteraalens Dampskibsselskab. Sie wollten ihren Fisch selbst gen Süden transportieren und nicht von den Reedereien aus Trondheim und Bergen abhängig sein. Auf ihren Fahrten nach Bergen begannen Kapitän With und sein Lotse Anders Holte, den Kurs penibel aufzuzeichnen. Schon 1883 hatte Holte die halbe Strecke nach Bergen Minute für Minute erfasst: Wann muss der Kurs geändert werden? Welche Passagen zwischen Inseln hindurch ergeben einen Zeitvorteil? Holte und With optimierten den Kurs dermaßen, dass sie in der Lage waren, auch nachts zu fahren, obwohl an vielen Passagen immer noch Leuchttürme fehlten. Schon bald war die Vesteraalen das schnellste Schiff zwischen Bergen und den Lofoten.

Dies blieb auch dem Innenministerium nicht verborgen. Der zuständige Regierungsrat Gran hatte selbst ein Fachbuch über Navigation verfasst und wusste deshalb die Leistung von With und Holte zu schätzen. Auf die Ausschreibung 1892 bewarb sich nur die Vesteraalens Dampskibsselskab, die beiden großen Reedereien zeigten kein Interesse, weil sie mit ihren bestehenden Strecken gutes Geld verdienten. With hingegen bot dem Innenministerium an, die Strecke von Trondheim nach Svolvær auf den Lofoten in 34 Stunden zurückzulegen, und zwar das ganze Jahr hindurch. Trotz aller Skepsis gegenüber diesem Versprechen erhielt die nordnorwegische Reederei einen dreijährigen staatlichen Vertrag inklusive jährlichen Zuschusses.

Am Sonntag, dem 2. Juli 1893, legte die *Vesteraalen* in Trondheim morgens um 8 Uhr ab und erreichte Hammerfest am Mittwochmorgen um 3.30 Uhr. Sie hatte zwei Tage bis Tromsø gebraucht und kam in Hammerfest 30 Minuten vor der berechneten Zeit an. Während in Trondheim das Ablegen nahezu unbemerkt blieb, herrschte in Hammerfest Feststimmung am Hafen. Unbeeindruckt davon legte With um 7.30 Uhr wieder ab und machte sich auf die Rückreise. Hurtigruten war geboren.

Die frühen Jahre

Die Ausschreibung hatte zwei Abfahrten pro Woche vorgesehen, wozu ein zweites Schiff nötig war. Vesteraalens Dampskibsselskab besaß aber nur ein Schiff, was dafür nicht ausreichte. So kam es, dass Det Bergenske Dampskibsselskab und Det Nordenfjeldske Dampskibsselskab 1894 einen zweiten Vertrag erhielten, ebenfalls eine Expresslinie – eben Hurtigruten – zu betreiben. 1898 folgte der dritte staatliche Vertrag, den Det Bergenske Dampskibssel-

Bis heute weht die norwegische Postflagge am Heck.

skab erhielt, doch dieses Mal begann die Strecke in Bergen und nicht in Trondheim, wie bei den anderen Verträgen. Ende des 19. Jahrhunderts gab es drei verschiedene Hurtigruten: von Bergen nach Hammerfest, von Trondheim nach Hammerfest und die sogenannte Finnmarks-Hurtigruten zweimal wöchentlich von Hammerfest nach Vadsø. Das war in der damaligen Zeit nicht ungewöhnlich: Det Bergenske Dampskibsselskab und Det Nordenfjeldske Dampskibsselskab betrieben im staatlichen Auftrag insgesamt sechs Postrouten, darunter auch die Stammroute von Hamburg über Kristiansand, Bergen, Trondheim und Hammerfest nach Vadsø. Aber diese Schiffe fuhren langsamer, fielen also nicht unter den Begriff Hurtigruten.

Es folgten weitere Verträge. Dabei wurde die bis heute gültige Streckenführung am 1. Oktober 1908 eingeführt. Seitdem fahren die Schiffe bis nach Kirkenes. Richard With war inzwischen nicht mehr als Kapitän tätig, sondern saß als Abgeordneter im Storting, dem norwegischen Parlament. Er griff noch zweimal in die Geschichte von Hurtigruten ein: 1912 sprach er sich erfolglos dafür aus, die Strecke von Bergen nach Newcastle über die Nordsee zu verlängern.

Wichtiger aber war der Erfolg einer ganz alten Petition: Schon 1875 hatte er sich dafür starkgemacht, die Risøyrinne vor den Vesterålen auszubaggern. 1922 war es endlich so weit und die Schiffe konnten nun von den Lofoten über die Vesterålen nach Harstad fahren, statt durch den südlich gelegenen Tjeldsund. Damit hatte sich die Anbindung der Vesterålen deutlich verbessert. Dieser Streckenverlauf wird bis heute benutzt.

Zu den Schwierigkeiten der frühen Jahre gehörte die ungleiche Tonnage: Nicht alle Schiffe, die auf Hurtigruten eingesetzt wurden, waren gleich schnell. Das langsamste Schiff bestimmte den Fahrplan. Rückschläge durch den Ersten Weltkrieg und die Weltwirtschaftskrise 1928 verlangsamten die Entwicklung des Liniendiensts. Ab dem 1. Juli 1936 gab es dann aber zum ersten Mal in der Geschichte tägliche Abfahrten ab Bergen. Nur noch zwei alte Schiffe aus den Jahren 1910 und 1895 waren unterwegs, die anderen wurden in den 1920er- und 1930er-Jahren neu gebaut.

Der nächste Rückschlag folgte bald: Im Zweiten Weltkrieg wurde die Flotte fast vollständig zerstört. Nur drei Schiffe waren 1945 zu Kriegsende noch einsatzbereit. Es war schwer, passende Schiffe zu finden. Hatte die Fahrzeit zwischen Trondheim und Hammerfest 1937 noch bei 65 Stunden gelegen, waren es 1947 volle 83 Stunden – welch ein Rückschritt für eine Expresslinie. Eine neue Flotte musste her.

Die goldenen Jahre

Mit dem Bau der neuen Schiffe wurden eine italienische Werft in Ancona und eine dänische Werft beauftragt. Insgesamt konnten zwischen 1949 und 1952 sieben neue Schiffe in Dienst gestellt werden. 1955/1956 freute sich die Hamburger Werft Blohm & Voss über den Auftrag für drei weitere Schiffe, von denen zwei bis heute erhalten sind: die *Finnmarken* als Museumsschiff in Stokmarknes und die *Nordstjernen*, die im März 2012 ihre letzte Reise im Liniendienst machte und nun als Museumsschiff unter Denkmalschutz steht.

Der Straßenbau in Norwegen war nach wie vor schwierig, der Wasserweg die natürliche Verbindung: So erlebte Hurtigruten goldene Jahre. 570 000 Passagier reisten 1962 mit den Schiffen entlang der Küste, die höchste jemals erreichte Passagierzahl. Platz für Touristen gab es damals wenig, aber knappe Güter sind eben besonders begehrt: Und so ging der Ruf von Hurtigruten um die Welt.

Doch damit war der Höhepunkt überschritten, Hurtigruten geriet in Konkurrenz zum Straßen- und Flugverkehr. Die Passagierzahlen sanken

Von 1956 bis 2012 auf Hurtigruten unterwegs: MS Nordstjernen.

zunächst nur langsam. 1973 wurden erstmals weniger als 500 000 Passagiere gezählt, doch 1979 fiel die Zahl bereits unter 400 000 Gäste. Drei Jahre später waren es dann nur noch 277 000 Passagiere – eine dramatische Entwicklung für die erfolgsverwöhnten Reedereien.

Noch immer wurde Hurtigruten von bis zu fünf Reedereien als Gemeinschaftsdienst betrieben. Doch nun standen Veränderungen an: Det Bergenske Dampskibsselskab stieg 1979 aus, während Det Nordenfjeldske Dampskibsselskab 1985 durch Börsenspekulationen zerschlagen wurde. Damit waren zwei Gründungsmitglieder ausgeschieden. Vesteraalens Dampskibsselskab fusionierte mit Ofotens Dampskibsselskap aus Narvik, die regionale Reederei Troms Fylkes Dampskibsselskap aus Tromsø übernahm 1979 die Anteile von Det Bergenske Dampskibsselskab. Es waren unruhige Zeiten, in denen heftig über eine Neuausrichtung von Hurtigruten diskutiert wurde: Sollte es eine reine Frachtroute nur für den Norden werden? Oder sollte man stärker auf internationale Touristen setzen?

Die Neuausrichtung von Hurtigruten

Die drei neuen Schiffe, die Anfang der 1980er-Jahre in Dienst gestellt wurden, waren noch ganz dem Transportgedanken verhaftet. Bei den älteren Schiffen musste die Fracht per Ladebaum gelöscht werden; vier Autos fanden auf dem Vordeck Platz, wo sie dem ultimativen Salztest unterzogen wurden – das war nicht mehr

H wie Hurtigruten am Schornstein.

zeitgemäß. Und so bekamen *Vesterålen*, *Midnatsol* und *Narvik* 1983 einen seitlichen Aufzug für Fahrzeuge und Fracht. Unabhängig von der Kaihöhe konnte so einfach und effektiv be- und entladen werden. Allerdings stellte sich schnell heraus, dass die Kabinenkapazität zu klein war. Bereits nach fünf Jahren wurden die drei Schiffe umgebaut und erhielten zusätzliche Decksaufbauten mit Kabinen und Salons. Die *Vesterålen* ist bis heute noch in Betrieb.

Man dachte um bei Hurtigruten und der Staat, der Hurtigruten bis heute bezuschusst, billigte die Pläne, eine ganz neue Art von Schiffen einzusetzen. Zukünftig sollte es mehr Kapazität für Touristen geben, ohne auf Fracht und norwegische Passagiere zu verzichten. Man kann es auch so ausdrücken: Internationale Touristen sollten helfen, diesen traditionsreichen Liniendienst am Leben zu erhalten.

Alt und neu: Die Trollfjord *von 2002 trifft die* Nordstjernen *von 1956.*

1993 betrat mit der *Kong Harald* das erste Schiff der neuen Generation die Bühne – gerade noch rechtzeitig zum 100. Geburtstag von Hurtigruten. Das Schiff wurde auf der Volkswerft Stralsund gebaut, wo auch die anschließend ausgelieferten Schwesterschiffe *Richard With* und *Nordlys* entstanden. Neun neue Schiffe wurden zwischen 1993 und 2003 in Dienst gestellt. Die letzten waren *Trollfjord* und *Midnatsol* 2002 und 2003, die durch den gläsernen Aufzug in der Schiffsmitte und die dop-pelstöckigen Panoramasalons durchaus Kreuzfahrtambiente bieten. Hurtigruten benötigt für die täglichen Abfahrten ab Bergen elf Schiffe, sodass die *Vesterålen* von 1983 und die *Lofoten* von 1964 weiterhin im Liniendienst sind. Mehrfach ausgemustert, kehrte auch die *Nordstjernen* von 1956 bis 2012 regelmäßig zurück, zuletzt als Ablöser für die vercharterte *Finnmarken*. Derzeit ist die *Lofoten* von 1964 das älteste Schiff, das noch auf Hurtigruten unterwegs ist.

In Bergen beginnt und endet die Rundreise entlang der Küste.

Praktische Tipps

Reisearten

Für Norweger ist Hurtigruten in erster Linie ein Transportmittel entlang der Küste und keine Kreuzfahrt. Für Touristen hingegen hat man Hurtigruten immer »am Stück« vermarktet: Über Jahrzehnte wurde nur die komplette Rundreise ab und bis Bergen angeboten. Das hatte auch mit der begrenzten Kapazität der Nachkriegsschiffe zu tun. Erst seit Mitte der 1990er-Jahre begannen die Reedereien, auch Teilstrecken für Urlauber anzubieten, insbesondere von Bergen nach Kirkenes oder in die Gegenrichtung. Mit der neuen Schiffsgeneration, beginnend 1993 mit der *Richard With*, wurde gezielt auf Touristen aus aller Welt gesetzt, um die nun größeren Kapazitäten zu füllen. Norwegenurlauber haben heute die Wahl zwischen verschiedenen Reisen mit Hurtigruten.

Nicht mehr als eine Schnuppertour ist der Kurztrip Trondheim–Bergen mit Bahnan- und -abreise via Oslo, wie ihn einige Reiseveranstalter im Programm haben. Dabei hat man eine Nacht an Bord, in die Gegenrichtung sind es zwei Nächte bis Trondheim. Das mag sinnvoll sein, wenn man sich nicht sicher ist, ob einem eine Schiffsreise grundsätzlich gefällt. Allerdings ist gerade dieses Teilstück nicht typisch für Hurtigruten, außerdem werden mit der Bucht Hustadvika und der Umrundung der Halbinsel Stadlandet zwei Streckenabschnitte passiert, auf denen es öfter raue See gibt. Wenn man jedoch auch Bergen und Oslo besuchen will und Hurtigruten nicht der Hauptreisegrund ist, geben solche Kurzreisen zumindest einen Eindruck.

Die halbe Rundreise von Bergen nach Kirkenes wird in der Regel als Pauschalreise mit Flug nach Bergen bzw. ab Kirkenes oder andersherum angeboten. Sieben Tage und sechs

Die Kong Harald *läuft abends den Hafen von Molde an.*

Nächte verbringt man dabei an Bord. Welche Richtung besser sei, ist eine oft gestellte Frage, die sich aber schwer beantworten lässt. Es werden fast dieselben Häfen angelaufen, bis auf zwei Ausnahmen: Den Abstecher in den Geirangerfjord (April bis Oktober) gibt es nur nordgehend und auch Vadsø an der Varanger-Halbinsel wird nur auf dem Weg nach Kirkenes angelaufen. Ansonsten sind die Häfen identisch, nur die Uhrzeiten unterscheiden sich. Viele Häfen, die nordgehend tagsüber angelaufen werden, werden südgehend nachts besucht – was auch umgekehrt gilt. Die nordgehenden Touren sind oft etwas besser gebucht, was am Besuch des Geirangerfjords, vielleicht aber auch an Tromsø und dem Nordkap liegen mag. Tromsø wird südgehend nachts angelaufen, der Ausflug zum Nordkap, den fast kein Gast verpasst, erfolgt in den frühen Morgenstunden statt nachmittags wie nordgehend. Der größte Vorteil der südgehenden Route ist die Passage durch den Raftsund auf dem Weg von Stokmarknes nach Svolvær auf den Lofoten mitten am Tag. Nordgehend wird der Raftsund nach Mitternacht passiert. Welche Richtung man auch bevorzugt, der Vorteil der halben Rundreise ist in erster Linie die Preis- und Zeitersparnis gegenüber der vollen Tour. Wer die volle Rundreise von Bergen bis Kirkenes und wieder zurück bucht, erlebt die norwegische Küste zweimal. Dadurch hat man als Gast die Möglichkeit, beinahe alle Häfen tagsüber zu sehen, entweder auf der nord- oder auf der südgehenden Route. Am zwölften Tag ist Bergen wieder erreicht; man verbringt also elf Nächte an Bord.

Bei den bisher genannten Touren handelt es sich um Pauschalreisen, die fast immer zusammen mit einem Anreisepaket angeboten werden. Man kann als Norwegenurlauber Hurtigruten aber auch so benutzen, wie es die Norweger tun, nämlich als öffentliches Verkehrsmittel. Es spricht nichts dagegen, nur Teilstrecken zu buchen. Wer Nordnorwegen mit dem eigenen Auto besucht, weiß um die langen Distanzen bis zum Nordkap oder bis auf die Lofoten. Da liegt es nahe, eine Etappe an Land zu fahren und die andere per Schiff mit Hurtigruten zurückzulegen. Billig ist der Spaß allerdings nicht. Je nach Länge der Schiffsreise muss man pro Person im Vergleich zu Hotelübernachtungen an Land mit einem deutlichen Aufpreis an Bord rechnen. So beträgt

Neue Passagiere steigen zu.

Gangway wie früher: Der Gabelstapler muss helfen.

die Differenz auf der Teilstrecke Lofoten–Trondheim bei zwei Übernachtungen an Land bzw. auf dem Schiff rund 500 Euro (Stand Sommer 2015). Trotzdem ist dies eine interessante Art, Hurtigruten zu nutzen, insbesondere für Urlauber, die eine individuelle Reiseform bevorzugen. Eine rechtzeitige Buchung wird dringend angeraten, gerade bei Fahrzeugmitnahme in den Sommermonaten.

Anreise

Ja nachdem, in welchem Hafen man zusteigen möchte, bieten sich verschiedene Anreisearten an. Da es diverse Möglichkeiten gibt, die verschiedenen Häfen mit öffentlichen Verkehrsmitteln zu erreichen, ist eine Anreise mit dem eigenen Fahrzeug nicht nötig.

Per Fähre

Es gibt drei sinnvolle Fährrouten für diejenigen, die mit Hurtigruten reisen möchten. Die norwegische Reederei Fjord Line verkehrt von Hirtshals in Norddänemark via Stavanger nach Bergen in Westnorwegen. Die neuen Fjord-Line-Schiffe machen in Bergen am Hurtigrutenterminal fest, sodass man direkt da ist. Ob man bis Hirtshals mit dem eigenen Wagen anreist und ihn dort parkt oder ob man über

Flensburg die Bahn nach Aalborg nimmt und dann den Bustransfer nach Hirtshals nutzt, bleibt einem selbst überlassen.
www.fjordline.de

Die Reederei Color Line betreibt die einzige Direktverbindung zwischen Deutschland und Norwegen auf der Strecke von Kiel nach Oslo. Von Oslo aus nimmt man dann die Bahn entweder nach Bergen oder nach Trondheim zum Hurtigrutenschiff. Bevor man sich für diese Variante entschließt, sollte man den Fahrplan der Bergenbahn von Oslo nach Bergen der Norwegischen Staatsbahnen (NSB) kontrollieren. In den vergangenen Jahren kam es immer wieder vor, dass die Ankunftszeit von Color Line

in Oslo (10 Uhr) nicht zur Abfahrt der Bergenbahn passte. Möglicherweise muss man eine Zusatznacht in Oslo einplanen.
www.colorline.de

Preisgünstiger, aber zeitintensiver ist die Route der Stena Line von Kiel nach Göteborg in Westschweden. Die Bahnanbindung von Göteborg nach Oslo führt über Karlstad. Wer ohnehin einen Tag in Oslo verbringen möchte und gern Bahn fährt, kann diese Route in Erwägung ziehen.
www.stenaline.de

Per Flugzeug
Hurtigruten bietet im Sommer selbst Charterflüge nach Bergen und Kirkenes an, die preislich attraktiv sind. Linienflüge führen neben den bekannten Fluglinien Lufthansa und SAS auch die preiswerte norwegische Airline Norwegian (ab Hamburg, Berlin, Köln und München) durch, die viele Anschlussflüge innerhalb Norwegens und ganz Skandinaviens bietet. Norwegian eignet sich besonders für preisbewusste Individualreisende.
SAS: www.flysas.com/de/
Norwegian: www.norwegian.com/de/

Per Bahn
Mit den Norwegischen Staatsbahnen sind einige Häfen der Hurtigruten zu erreichen. Bergen ist über die sogenannte Bergenbahn mit Oslo verbunden, auch die Strecke Oslo–Trondheim bietet sich an. Wer die mehrtägige Bahnfahrt von Oslo über Trondheim bis nach Bodø auf sich nimmt, kann in Bodø an Bord gehen. Über Schweden ist die Erzbahn von Kiruna nach Narvik im hohen Norden eine interessante Variante. Von Nar-

IN NORWEGEN

Landesdaten

Bevölkerungszahl:
4,953 Millionen

Staatsform:
Parlamentarische Monarchie

Hauptstadt:
Oslo

Fläche:
385 199 km²

Landessprachen:
Bokmål, Nynorsk, Samisch

Währung:
Norwegische Krone

Bevölkerungsdichte:
13 Einwohner pro km²

Nationalfeiertag:
17. Mai

vik kann man entweder die Schnellfähre nach Svolvær auf den Lofoten nehmen oder den Bus nach Harstad. Wer die nördlichen Bahnhöfe in Bodø oder Narvik wählt, sollte aus Komfortgründen Zwischenstopps einlegen.

WORTSCHATZ – DIE WICHTIGSTEN BEGRIFFE

Guten Tag	Hei bzw. God dag
Gute Nacht	God natt
Auf Wiedersehen	Ha det bra (wörtlich: Mach es gut)
Danke	takk
Danke für das Essen	Takk for maten (übliche Umgangsformel am Ende einer Mahlzeit)
Bitte	Vær så god (wörtlich: Seien Sie so gut)
Ja	ja
Nein	nei
Entschuldigung	Unnskyld
Eisenbahn	Jernbane
Bahnhof	Jernbanestasjon
Schiff	Båt
Hurtigrutenanleger	Hurtigruteterminalen
Taxi	Taxi
Bus	Buss
Arzt	Lege
krank	syk
Welle	Bølge
Sturm	Storm
Frühstück	Frokost
Mittagessen	Lunsj
Abendessen	Middag
geschlossen	stengt

Die Aufstellung der möglichen Anreisebahnhöfe zeigt schon, dass einer stark individualisierten Reise nichts entgegensteht. Bezieht man zudem das innernorwegische Fernbusnetz von Norway Bussekspress mit ein, ist fast jeder Hurtigrutenhafen mit öffentlichen Verkehrsmitteln zu erreichen.

Norwegische Bahn: www.nsb.no
Fahrpläne aller öffentlichen Verkehrsmittel: www.ruteinfo.no
Fernbusse: www.nor-way.no

Sprache

Norwegen hat zwei Amtssprachen: Bokmål (etwa: die Buchsprache) und Nynorsk (Neunorwegisch). Nynorsk wird von etwa 10 bis 15 Prozent der Bevölkerung gesprochen. Daneben gibt es zahlreiche Dialekte, die vor allem in Westnorwegen sehr stark ausgeprägt sind. Regionalmuseen beschriften ihre Exponate gern in der Dialektschreibweise, sodass der Eindruck entsteht, in Norwegen könne eigentlich jeder schreiben, wie er will. Das stimmt so zwar nicht, aber die Variationsbreite ist schon deutlich größer als in Deutschland. Dies ist auch Ausdruck des stark ausgeprägten Regionalismus in Norwegen. Im Norden des Lands ist Samisch in Kommunen mit einem großen Anteil samischer Bevölkerung Amtssprache.

Der bestimmte Artikel wird im Norwegischen an das Substantiv angehängt:
en dag – ein Tag, dagen – der Tag
en kone – eine Frau, kona – die Frau
et vindu – ein Fenster, vinduet – das Fenster

Hurtigruten ist also nicht der Plural, wie man im Deutschen leicht denken könnte, sondern die bestimmte Form von Hurtigrute.

Und wie werden norwegische Wörter nun ausgesprochen? Als kleine Aussprachehilfe mag folgende Aufstellung dienen:

Å spricht sich wie ein O in Ofen, Båt also wie im Deutschen Boot.

Aa ist die alte Schreibweise von å, wird also genauso ausgesprochen.

O wird häufig fast wie ein U ausgesprochen.

Ø entspricht dem deutschen Ö.

Sj spricht sich wie sch.

Y entspricht weitgehend dem deutschen Ü.

Mit Englisch kommt man überall gut durch, denn sehr viele Norweger sprechen gut Englisch. Auf Hurtigruten sind Norwegisch und Englisch die Bordsprachen. Es gibt natürlich auch einzelne Mitarbeiter, die Deutsch sprechen, aber längst nicht alle. Jedoch ist immer ein Deutsch sprechender Reiseleiter an Bord.

Währung und Bezahlen

Die Norwegische Krone wird international NOK abgekürzt, im Land sind eher die Abkürzungen kr oder nkr üblich. Es sind Münzen zu 1, 2, 5, 10 und 20 Kronen in Umlauf, Øre-Münzen gibt es nicht mehr. Die gängigsten Geldscheine sind die zu 20, 50, 100 und 200 Kronen. An Geldautomaten bekommt man gelegentlich auch 500-Kronen-Scheine.

Bezahlt wird in Norwegen sehr viel mit Kreditkarte, auch kleinere Beträge können oft mit Kreditkarte beglichen werden. Dabei sind MasterCard und Visa am stärksten verbreitet, American Express wird ebenfalls

Die Arkade führt in den neuen Schiffen zum Restaurant im Heck.

oft akzeptiert, während Diners Club selten zu sehen ist. Achtung! Oft benötigt man zur Kreditkarte den PIN-Code, die Unterschrift allein reicht nicht immer aus.

Deutsche, österreichische oder Schweizer Bankkarten (EC-Karten) werden beim Einkaufen in der Regel nicht akzeptiert. Man kann damit aber wie zu Hause Bargeld am Geldautomaten abheben. Geldautomaten heißen in Norwegen Minibank, man findet sie flächendeckend im ganzen Land in größeren Ortschaften. Die Gebühren für das Geldabheben sind nicht viel höher als zu Hause bei fremden Instituten. Meist liegen sie zwischen 4,50 und 6,50 Euro pro Vorgang.

Wer im Land Bargeld tauschen will, kann die Wechselstuben von Forex nutzen, die es in Oslo, Stavanger und Trondheim gibt.

www.forex.no

Bordwährung auf Hurtigruten ist die Norwegische Krone. Man kann an Bord Geld wechseln, jedoch sind die Kurse nicht vorteilhaft. Daher ist es besser, mit Kreditkarte zu zahlen.

Telefonieren und Internet

Die Vorwahl von Norwegen ist +47 bzw. 0047. Es gibt mehrere Mobilfunknetze, die große Teile Norwegens abdecken, an der Küste aber längst nicht alle. Sie werden daher nicht immer ein Netz haben. An Bord aller Hurtigrutenschiffe gibt es Kartentelefone, für die man an Bord Karten kaufen kann. Vorsicht, Seefunkverbindungen können teuer sein. Wenn es nicht unbedingt sein muss, sollte man besser bis zum nächsten Hafen warten. Alle Schiffe, mit Ausnahme von *Lofoten,* verfügen über ein kleines Internet-Café. Auch hier gilt, dass nicht immer ein Netz vorhanden ist.

Sitten und Gebräuche

Es gibt einige Besonderheiten im öffentlichen Leben, die man als Tourist kennen sollte. So ist die freie Platzwahl in einem Restaurant eher die Ausnahme als die Regel. Steht am Eingang des Restaurants ein Stehpult, wird der Tisch durch den Oberkellner, den Hovmestere, zugewiesen. Auch wenn das Stehpult nicht besetzt ist, tut man als Gast gut daran zu warten, bis man entweder das Zeichen bekommt, sich einen Tisch auszusuchen oder man den Tisch angewiesen bekommt.

In Deutschland ist es meist so, dass man (je nach Beruf) tagsüber bei der Arbeit eher formale Kleidung trägt, während am Abend gern legere Freizeitkleidung getragen wird. In Norwegen ist das eher umgekehrt: In vielen Berufen ist legere Kleidung am Arbeitsplatz normal, jedoch kleidet man sich gern festlich-formal beim abendlichen Ausgehen. Besonders auffällig ist der Unterschied bei Silvesterfeiern.

Wenn in Norwegen gefeiert wird, ob Hochzeit oder Geburtstag, ist das Singen von Trinkliedern üblich. Es ist unglaublich, wie groß das Liedrepertoire vieler Norweger ist.

Ein Rauchverbot besteht in Norwegen nicht nur in Restaurants, sondern auch in öffentlichen Räumen. Es wird allgemein beachtet, und wer sich nicht daran hält, wird schief

Norwegenkarte mit den Häfen auf dem Sonnendeck der Trollfjord.

angesehen. Ähnlich verhält es sich mit dem Konsum von Alkohol in der Öffentlichkeit, auf den hohe Strafen stehen. Es ist regional und saisonal unterschiedlich, wie rigoros dieses Verbot durchgesetzt wird. Im Sommer ist die Polizei an der Küste sehr auf die Beachtung bedacht, da oft Bootsunfälle mit betrunkenen und nicht nur jugendlichen Bootsführern passieren. Wenn man auf einer Wanderung im Fjell seinen Flachmann für einen Schluck herausholt, wird jedoch niemand etwas sagen. Als Tourist sollte man dieses Verbot zumindest kennen und eine gewisse Sensibilität für die Frage entwickeln.

Essen und Trinken

Es gibt in Norwegen zwei traditionelle Küchen, beide Richtungen sind eher einfach: Fisch an der Küste, Fleisch, insbesondere Schaf im Inland. Bis weit in die 1990er-Jahre hinein wurde die heimische Küche im Land wenig geachtet, Ziel war es oft, international zu sein. Eine Bäckerei musste wieninspiriert sein, ein Gourmetlokal natürlich französisch inspiriert. Das hat glücklicherweise ein Ende gefunden und die Norweger haben sich auf die Stärken ihrer heimischen Rohwaren besonnen. Die Spitzengastronomie konnte bei Kochweltmeisterschaften Erfolge feiern, und langsam kommt dieses Qualitätsdenken auch in der Alltagsgastronomie an. Nicht immer und überall, aber doch erfreulich oft. Zu den traditionellen Gerichten gehört Spekemat, eine kalte Platte mit luftgetrocknetem Schinken und Wurstspezialitäten. Dazu gibt es Rührei, das in Norwegen entweder kalt oder höchstens lauwarm serviert wird. Rømmegrøt ist ein sehr gehaltvolles Essen: Dazu wird saure Sahne aufgekocht und Mehl untergerührt. Das sich absetzende Fett wird

Leckereien auf dem Fischmarkt von Bergen.

abgeschöpft. Mit Zucker und Zimt bestreut, ist Rømmegrøt sehr lecker, aber schon ein normal gefüllter Teller reicht als volle Mahlzeit. Dieses Gericht wird nur selten in Restaurants angeboten, am ehesten findet man es in bewirtschafteten Berghütten.

Dass an der Küste viel Fisch auf den Tisch kommt, versteht sich von selbst. Touristen wird gern Zuchtlachs serviert, traditionell auf den Lofoten ist aber gedünsteter Dorsch mit Kartoffeln und Gemüse. Stockfisch, der nichts anderes als an der Luft getrockneter Dorsch ist, wird man in Norwegen nur selten auf Speisekarten finden. Er ist für den Export in katholische Länder, insbesondere Italien und Portugal, gedacht.

In Nordnorwegen, vor allem auf den Lofoten und in Tromsø, steht auch Walfleisch auf der Speisekarte. Dies ist natürlich ein hochkontroverses Thema: Die Nordnorweger betonen immer wieder, dass sie keinen industriellen Walfang betrieben, sondern nur mit kleinen Schiffen Küstenwalfang mit klar geregelten Quoten, und auch nur Walarten fingen, die nicht vom Ausstreben bedroht seien. Das Hauptargument aber ist, das man in Nordnorwegen immer von und mit dem Meer gelebt hat. Der Walfang ist ein Stück kulturelle Identität, bei dem man sich nicht von Ländern dreinreden lässt, die Atomkraftwerke bauen und Massentierhaltung zulassen. Wer sich als Mitteleuropäer in Nordnorwegen auf eine Diskussion über Walfang einlässt, bekommt die eigenen nationalen Sünden oft mit enormer Heftigkeit um die Ohren gehauen. Übrigens: Walfleisch hat etwa eine Konsistenz wie Rindfleisch und wird mit einer dunklen (Pfeffer-)Soße gegessen. Der Geschmack hat wenig mit Fisch zu tun.

Moltebeeren wachsen nur in wenigen Teilen des Lands und gelten als Spezialität. Wenn man Glück hat, werden die gelben, himbeergroßen Beeren als Nachtisch warm zu Eis serviert. Dieses Angebot sollte man nicht ausschlagen.

Zum Essen wird – meist ohne Aufforderung – eine kostenlose Karaffe Wasser auf den Tisch gestellt. Dabei handelt es sich um Leitungswasser, das fast immer gut schmeckt. Touristen bestellen trotzdem häufig Mineralwasser, was nicht nötig wäre. Der Bierpreis in Norwegen ist für viele deutsche Urlauber ein Thema. Wenn das Bier dann noch ähnlich wie in England mit wenig Druck gezapft wird und ohne Krone daherkommt, schäumt zumindest der Gast. Dabei gibt es in Norwegen gute Biere, das bekannteste ist Ringnes. Lysholmer aus Trondheim lässt sich gut trinken, ebenso das Bier von Nordlands Bryggeri. In Tromsø braut Mack das nördlichste Bier der Welt, was allein schon deshalb gern als Souvenir gekauft wird.

Weine werden in Norwegen nur über die staatliche Monopolgesellschaft eingekauft, die damit zu den weltweit größten Käufern von Wein gehört. Sieht man von den erschreckend hohen Preisen ab, ist die Qualität durchweg in Ordnung. Man kann sich bedenkenlos Husets vin, den Wein des Hauses, bestellen. Aus Preisgründen dominieren südafrikanische und südamerikanische Weine.

Das heimliche Nationalgetränk nach dem Essen ist für Norweger nicht Aquavit, sondern Kaffee. Touristen mit empfindlichen Mägen seien gewarnt: Was in Norwegen teilweise nach dem Abendessen an Kaffee ausgeschenkt wird, macht die Nacht zum Tag. Nach einem festlichen Mahl ist

Die Lofoten *im Geirangerfjord.*

die Kombination Kaffee und Cognac üblich.

Sicherheit

Generell ist die Sicherheit in Norwegen hoch. Aber in Großstädten wie Oslo und Bergen gibt es genauso Kriminalität wie in anderen europäischen Städten. Hier kommen Autoaufbrüche ebenso vor wie Taschendiebstähle oder Beschaffungskriminalität des örtlichen Drogenmilieus. Die üblichen Sicherheitsvorkehrungen reichen aber völlig aus: Gepäck nicht unbeaufsichtigt lassen, Wertsachen nicht zur Schau stellen, Handtaschen nicht im Restaurant über die Stuhllehne hängen usw. Auf dem Lande ist das Risiko eher als sehr niedrig einzuschätzen. An Bord von Hurtigruten passiert ebenfalls wenig bis nichts, aber man sollte im Hinterkopf haben, dass es sich um ein öffentliches Verkehrsmittel handelt.

Klimazonen

Von der Südspitze Norwegens bei Kap Lindesnes bis zum Nordkap sind es rund 2500 Kilometer Fahrstrecke. Wenn man sich diese Entfernung bewusst macht, wird deutlich, wie unterschiedlich das Wetter auf einer Reise entlang der norwegischen Küste sein kann. Es handelt sich in weiten Teilen um eine Westküste, der Wind treibt vom Atlantik her Wolken nach Norwegen, die dann auf rund 2000 Höhenmeter steigen müssen. Ein mildes, maritimes Klima mit Niederschlägen ist die Folge.

Bergen in Westnorwegen hat einen denkbar schlechten Ruf, was das Wetter angeht. Rund 2400 Millimeter Niederschlag im Jahr sind mehr als doppelt so viel wie München (900 Millimeter) oder Hamburg (890 Millimeter). Aufgrund des milden Küstenklimas fällt dabei im Winter eher selten Schnee, dafür kann es umso stärker regnen. Frühjahr und Sommer in Bergen sind jedoch weit besser als der Ruf der Stadt. Ohnehin muss man konstatieren, dass es in Fjordnorwegen oft ein stark regionales Wetter gibt. Setzt sich eine Wolke in einem Fjord fest, regnet es dort zwei Tage. Fährt man aber hinauf ins Fjell, kann es gut sein, dass über 600 Höhenmetern die Wolke endet und man herrlichsten Sonnenschein erlebt. Dann liegt die Regenwolke unter einem im Fjord wie ein freundlicher Wattebausch. Wenn aber die Sonne richtig scheint, entsteht schnell eine fast mediterrane Atmosphäre an den Fjorden. Im Sommer liegen die Temperaturen zwischen 15 und 25 Grad, in Ausnahmefällen auch mal höher.

Der norwegische Wetterbericht unterteilt das Wetter in Fjordnorwegen grundsätzlich in das südlich und das nördlich von Stad. Damit ist die Halbinsel Stadlandet gemeint, auf der sich das Westkap in den Nordatlantik schiebt. Die Halbinsel bildet eine Wetterscheide.

Auch wenn bei Ørnes der Polarkreis überquert wird, weist Nordnorwegen mehrere Klimazonen auf. Die Inselgruppen der Lofoten und Vesterålen liegen exponiert im Nordmeer, stürmisches, wechselhaftes Wetter ist eher der Normalfall. Trotzdem sind Temperaturen bis 28 Grad im Som-

Die vielleicht schönste Seereise der Welt.

mer möglich, in der Regel sind 15 bis 25 Grad zu erwarten.

Tromsø bietet im Sommer oft gutes Wetter, denn durch die geschützte Lage können hier auch höhere Temperaturen erreicht werden. Je näher man dem Nordkap kommt, umso schwieriger lässt sich das Wetter einschätzen. Anfang August sind 8 bis 18 Grad normal, es kann aber auch kurze Schneeschauer oder mehr als 20 Grad geben.

Der letzte Teil der Route führt nach Osten. Vardø und Kirkenes liegen etwa so weit östlich wie Istanbul! Das macht deutlich, dass sich hier noch einmal das Klima ändert. Für die Varanger-Halbinsel mit den Häfen Vardø und Vadsø gelten August und September als die trockensten, schönsten Monate.

Aber auf einer Distanz von 2500 Kilometern wird das Wetter nur sehr selten überall sonnig oder verregnet sein. Rechnen Sie mit allem zwischen 5 und 30 Grad, mit Sonne und Regen oder gar Schneeschauern. Der Satz »Es gibt kein schlechtes Wetter, nur verkehrte Kleidung« könnte für Norwegen erfunden worden sein.

Reisezeit

Der Sommer ist die beliebteste Reisezeit bei Hurtigruten. Alle wollen die Mitternachtssonne sehen und im Juni reisen. Deshalb sind dann auch die Preise am höchsten. Der Juni ist aber vom Wetter her keineswegs der beste Monat. Eine gute Alternative sind Mai und August. Dann ist statistisch betrachtet die Regenwahrscheinlichkeit am niedrigsten, die Tage sind schon (noch) sehr lang und die Mitternachtssonne ist (teilweise) zu sehen. Die Übergangsjahreszeiten sind kürzer als in Mitteleuropa. Je weiter man nach Norden kommt, umso kürzer sind Frühling und Herbst. Im April liegt auf den Bergen noch Schnee, die Skisaison endet vielerorts erst Mitte April. In Lappland bricht das Eis der großen Flüsse erst im Mai. Der Winter beginnt dort oben bereits im Oktober, während im Süden des Lands oft bis Dezember auf Schnee gewartet werden muss.

Eine winterliche Reise mit Hurtigruten ist deutlich günstiger als im Sommer. Aber die Kürze der Tage schränkt die Sicht auf die schöne Küste natürlich schon ein. Zudem kann das Wetter durchaus mal so ungemütlich sein, dass einzelne Häfen nicht angelaufen werden können. Faszinierend ist es, wenn man das Polarlicht sehen kann. Man sollte sich aber darüber im Klaren sein, dass nördlich des Polarkreises die Sonne rund um den kürzesten Tag des Jahrs zwischen vier und acht Wochen den Horizont nicht überschreitet. In Tromsø beispielsweise endet die Dunkelzeit Mitte Januar. Dunkelzeit bedeutet übrigens nicht, dass es den ganzen Tag völlig finster ist, es gibt eine lange Dämmerung von etwa 11 bis 15 Uhr.

Besser für Winterreisen geeignet ist der März. Sobald die Tag- und Nachtgleiche am 21. März überschritten wird, ist der Norden im Vorteil – bis zum 21. September.

Mitternachtssonne

Nördlich des Polarkreises (66,5 Grad nördlicher Breite) verschwindet die Sonne im Sommer nicht mehr hinter dem Horizont, sondern bleibt (zumindest theoretisch) sichtbar. Je nach Breitengrad zeigt sich die Mit-

Im Lichte des Nordens.

ternachtssonne unterschiedlich lange, je nördlicher, desto länger ist der Zeitraum.

Bodø:	4. Juni bis 8. Juli
Lofoten:	28. Mai bis 15. Juli
Tromsø:	20. Mai bis 22. Juli
Nordkap:	12. Mai bis 31. Juli

Leider ist es oft so, dass Wolken um Mitternacht den Blick auf die Sonne verstellen. Das mag diejenigen trösten, die außerhalb der Zeit der Mitternachtssonne reisen. Richtig dunkel wird es aber auch vor und nach diesem Zeitraum um Mitternacht nicht, das Erlebnis der hellen Sommernächte hat man also deutlich länger als zu den oben genannten Zeiten.

Die Kehrseite der Medaille ist die Dunkelzeit, die rund um den 21. Dezember ähnlich lang andauert wie die Mitternachtssonne um den 21. Juni. Das bedeutet, in Bodø erstreckt sie sich etwa über einen Monat, in Tromsø hingegen über zwei Monate.

Die Schiffe

Welches Schiff ist das Richtige für mich? Diese Frage ist recht einfach zu beantworten. Es gibt auf Hurtigruten vier verschiedene Schiffsarten. Zum

Das möchte jeder sehen: Mitternachtssonne in Nordnorwegen.

einen ist da das letzte verbliebene historische Schiff, die *Lofoten* von 1964. Auch wenn es immer wieder Gerüchte über ihre Ablösung gibt, im Sommer 2015 ist sie noch ganz normal im Liniendienst unterwegs. Dieses Schiff ist, was die Kabinengröße und Ausstattung angeht, nicht mehr auf der Höhe der Zeit, wurde aber exzellent gepflegt und hat einen unvergleichlichen Charme. Die Zahl der Gäste an Bord ist kleiner, dadurch ist das Verhältnis zur Crew persönlicher. Dieses Traditionsschiff ist etwas für Schiffsliebhaber.

Von der sogenannten mittleren Generation ist nur noch die *Vesterålen* (gebaut 1983, Kaarbø Mekaniske Verksted, Harstad) im Betrieb. Ursprünglich eher für Fracht gebaut, wurden bereits 1988 Kabinendecks aufgesetzt. Eine Schönheit ist die *Vesterålen* nicht, aber ein solides, gemütliches Schiff.

1993 kam die neue Generation von Hurtigrutenschiffen, die sich nur noch geringfügig unterscheiden. *Richard With*, *Kong Harald* und *Nordlys* (gebaut 1993/1994, Volkswerft, Stralsund) waren die ersten drei Neubauten. Es folgten *Polarlys* (gebaut 1996, Ulstein Verft, Ulsteinvik), *Nordkapp* und *Nordnorge* (1996/1997, Kværner Kleven Verft, Ulsteinvik). Die *Finnmarken* (2002, Kværner Kleven Verft, Ulsteinvik) stellt bereits den Übergang zur jüngsten Generation der Luxusschiffe dar.

Eine besondere Stellung in der Flotte haben *Trollfjord* und *Midnatsol* (2002/2003, Fosen Mekaniske Verksteder, Rissa), weil sie besonders luxuriös – für den Liniendienst bei Hurtigruten – ausgestattet wurden.

Während die *Kong Harald* nur über zwei Suiten verfügt, sind es auf der *Midnatsol* zwei Eigner-Suiten, zwölf Grand-Suiten und acht Mini-Suiten. Dazu der Panoramasalon, der sich

Steile Felswände im Storfjord.

über zwei Decks erstreckt und der gläserne Aufzug mittschiffs – die beiden jüngsten Schwestern machen etwas her. Sie erinnern am ehesten an kleine Kreuzfahrtschiffe.

Kabinen

Auf der *Lofoten* von 1964 gibt es fünf Kabinenkategorien, auf der *Vesterålen* sind es sechs, auf der *Nordnorge* zehn verschiedene Kabinenarten. Auf *Midnatsol* und *Trollfjord* werden bereits zwölf Kabinenkategorien gezählt. Preislich beginnt es mit der Kategorie I, die für Innenkabinen steht. Diese sind nur etwas für unempfindliche Sparfüchse oder wenn man ohnehin nur eine Nacht an Bord verbringt. Eine gute Standardkategorie ist die Klasse N, die auf Deck 3 liegen, wo sich auch die Rezeption befindet und die Gangway an Land ausgeklappt wird.

Die teureren Kabinenkategorien finden sich auf höheren Decks, was aber bei rauer See eher ein Nachteil ist. Denn oben schaukelt es mehr als unten. Wer empfindlich auf Seegang reagiert, sollte ohnehin versuchen, eine Kabine mittschiffs zu bekommen. Im Bugbereich hört man gelegentlich das Schlagen der Wellen, achtern können Maschinengeräusche hörbar sein. Unter diesem Gesichtspunkt sind die höher liegenden Kabinen von Vorteil.

Bei den Außenkabinen gibt es noch die Kategorie J mit eingeschränkter Sicht, weil beispielsweise die Rettungsboote vor dem Fenster hängen. Auf Deck 5 befindet sich bei allen neueren Schiffen (bei *Midnatsol* und *Trollfjord* Deck 6) der Umlauf. Wer hier eine Außenkabine bucht, hat bei schönem Wetter auch alle Leute vor dem Fenster stehen.

Kabinenschlüssel
Die Bordkarte hat die Größe einer Kreditkarte und ist mit einem Magnetstreifen versehen. Sie dient sowohl als Kabinenschlüssel als auch als Ausweis, wenn man das Schiff in einem Hafen zum Landgang verlassen hat und wieder an Bord möchte. So kann die Crew feststellen, ob alle Gäste wieder an Bord sind. Achtung, der Magnetstreifen der Bordkarte re-

Die Polarlys *läuft den Hafen von Svolvær auf den Lofoten an.*

Die Midnatsol *im Trondheimsfjord.*

agiert empfindlich auf Mobiltelefone. Bitte sicherheitshalber getrennt aufbewahren.

Kleidung

Sie befinden sich auf einem Schiff in nördlichen Breiten, was eine gewisse Grundausstattung nötig macht. Dazu gehören ein wärmender Fleecepullover, ein wind- und regendichter Anorak und eine Mütze für den Aufenthalt an Deck. Wenn Sie sich viel an Deck aufhalten wollen, können auch eine wind- und regendichte Hose sowie ein paar solide, rutschfeste Schuhe sinnvoll sein, die auch auf Landausflügen gute Dienste leisten. Eine Reise mit Hurtigruten ist keine Kreuzfahrt, auf Abendgarderobe kann getrost verzichtet werden. Wer mag, zieht sich zum Abendessen um. Ein Sakko für den Herrn reicht völlig aus, bereits die Krawatte ist eher unüblich. Cocktailkleider oder Abendkleider sind deplatziert und können zu Hause bleiben. Bitte bedenken Sie, dass die Schiffe für norwegische Reisende ein ganz normales Verkehrsmittel sind. Außerdem entspricht die Größe der Schränke

in den Kabinen nicht Kreuzfahrtstandard, der Platz ist begrenzt. Insofern sollte man bei der Wahl der Kleidung zuerst praktische Gesichtspunkte bedenken. Den unterschiedlichen klimatischen Anforderungen wird man am ehesten mit dem Zwiebelprinzip gerecht, sprich mehrere Lagen übereinander, die je nach Bedarf an- oder ausgezogen werden können.
Die Standardkabinen verfügen zwar über Schränke, die aber nicht so groß sind, dass man den Inhalt eines Überseekoffers darin unterbringen könnte. Nehmen Sie lieber zwei kleine als einen großen Koffer, weil sich kleine Koffer meist unter ein Bett schieben lassen.

Mahlzeiten

Es gibt an Bord eine Cafeteria, ein Restaurant und eine Bar. Wer Hurtigruten als Pauschalreise bucht, wird meistens Vollpension gewählt haben. Das ist auch ratsam, weil die Preise an Bord doch kräftig an der Reisekasse nagen. Das Restaurant befindet sich bei allen Schiffen ab Baujahr 1993 achtern auf Deck 4 (bei *Midnatsol* und *Trollfjord* Deck 5), wo

Die Trollfjord *kurz vor dem Auslaufen in Trondheim.*

es Frühstück, Mittag- und Abendessen gibt.

Wer Hurtigruten nur für eine Teilpassage nutzt und keine Mahlzeiten gebucht hat, kann an Bord zwischen dem (teuren) Restaurant und kleinen Gerichten in der Cafeteria wählen. Oder man nutzt den Landausflug und isst im Ort oder kauft sich im nächsten Supermarkt eine Kleinigkeit.

Frühstück gibt es im Restaurant von 7.30 bis 10 Uhr. Das Mittagsbuffet können Sie von 12 bis 14.30 Uhr besuchen, während das Abendessen in der Zeit von 18.30 bis 21 Uhr eingenommen werden kann. Bitte beachten Sie, dass das Abendessen bei voll gebuchten Schiffen in der Hochsaison manchmal in zwei Sitzungen stattfinden muss. Die Zeiten können je nach Anlauf eines Hafens leicht variieren. Abweichende Zeiten werden am Restaurant per Aushang bekannt gegeben. Die Cafeteria ist nahezu durchgehend geöffnet.

Gäste, die Diätkost benötigen, müssen diese bei der Buchung vorbestellen und sollten sie sich am besten beim Betreten des Schiffs noch einmal bestätigen lassen.

Gesundheit

Im Unterschied zu Kreuzfahrtschiffen gibt es an Bord von Hurtigruten keinen Arzt. Internationalen Bestimmungen zufolge hat jedoch immer wenigsten eine Person eine Sanitätsausbildung. Es gibt außerdem auf allen Schiffen eine Sanitätskabine für akute Fälle. Durch die Nähe zum Land und das regelmäßige Anlaufen von Häfen ist im Notfall ein Arzt an Land erreichbar. Zum nächsten Krankenhaus kann der Weg trotzdem weit sein, denn Norwegen ist ein dünn besiedeltes Land. Regelmäßig benötigte Medikamente sollte man unbedingt von zu Hause mitbringen. Sonnencreme gehört aufgrund der starken UV-Strahlung auf dem Meer (auch bei bedecktem Himmel) unbedingt ins Reisegepäck.

Geräuschkulisse

Die Hurtigrutenschiffe sind rund um die Uhr im Einsatz und befördern eben auch Fracht. Wenn nachts Häfen angelaufen werden, fahren Gabelstapler über den Kai oder bringen Fracht bis ins Schiff. Je nach Lage der Kabine können Geräusche vom Autoaufzug oder von der Maschine zu hören sein. Auf dem Oldie *Lofoten* werden manche Brems- und Wendemanöver mit Ablassen des Ankers gefahren. Das Rasseln der Kette ist dann kurz im ganzen Schiff zu hören. Einerseits macht genau dies den Charme einer Reise mit Hurtigruten aus, denn es ist eben keine Kreuzfahrt. Wer jedoch darüber vorher nicht informiert wurde, mag die Geräusche als störend empfinden. Einfachste Lösung: Wer auf Geräusche empfindlich reagiert, sollte darüber nachdenken, Ohrstöpsel mitzunehmen.

Panoramasalon

Alle Schiffe ab Baujahr 1993 haben vorn einen Panoramasalon mit Sicht in drei Richtungen. Natürlich sind die Plätze hier ähnlich begehrt wie in Spanien die Liege am Pool. Die Unsitte, Plätze schon frühzeitig durch Strickzeug oder Jacken zu belegen,

gibt es auch an Bord von Hurtigruten. Norweger sind in diesem Punkt aber sehr pragmatisch: Jacken ohne Inhalt brauchen keine Aussicht. Man wartet eine Anstandsfrist ab, ob der Inhaber vielleicht nur einen Drink oder Kaffee an der Bar holt. Kommt er nicht wieder, wird die Jacke zur Seite gelegt und der Sessel benutzt.

Was auch nicht gut ankommt, sind Gäste, die auf den schönsten Aussichtsplätzen schlafen, ein Buch lesen oder sichtbar kein Interesse an der Aussicht haben. Diese Gäste dürfen gern auch die zweite Reihe nutzen.

Landgang

In nahezu jedem Hafen kann man an Land gehen und sich die Füße vertreten. Nur in einigen wenigen kleinen Häfen ist die Zeit dafür zu kurz. An der Gangway steht immer ein Schild mit der Abfahrtsuhrzeit – und die wird auch eingehalten! Kurz vor dem Ablegen gibt das Schiff noch einmal Signal, dann muss man sich sputen. Die Hurtigrutenschiffe warten nicht

Beim Einlaufen in einen neuen Hafen sind die meisten Gäste an Deck.

auf verspätete Gäste. Angesichts der großen Entfernungen kann ein Taxi zum nächsten Hafen sehr, sehr teuer werden. Hier heißt es also wirklich auf die Uhr schauen und pünktlich zurück sein!

Landausflüge

Hurtigruten bietet zahlreiche organisierte Landausflüge an. Einige können ganzjährig gebucht werden, viele sind aber saisonal auf das Winter- oder Sommerhalbjahr beschränkt. Die Preise beginnen bei 37 Euro und reichen bis 366 Euro pro Person (Stand April 2015). So kann man neben der Schiffsreise auch das Land kennenlernen. Was wohl kaum jemand auslässt, ist die dreistündige Bustour von Honningsvåg zum Nordkap. Hervorzuheben ist auch die Bootstour zum Gletscher Svartisen, die zwischen Ørnes und Bodø angeboten wird. Hier können Seeadler beobachtet werden.

In den vergangenen Jahren ist vor allem die Zahl der Winteraktivitäten bei den Landausflügen gestiegen. So sollen die Winterreisen aufgewertet werden. Fahrten mit Snowmobilen, Rentier- oder Hundeschlitten in Nordnorwegen sprechen ein jüngeres Publikum an, auch weil ein gewisser Grad an Kondition erforderlich ist. Gerade für diese Aktivitäten sei der März nochmals als Reisemonat empfohlen, weil die Temperaturen nicht mehr so harsch sind wie noch im Januar.

Es gibt durchaus Häfen, in denen Zeit genug ist, sich auf eigene Faust Dinge anzuschauen, beispielsweise nordgehend in Trondheim (Aufenthalt 4 bis 6 Stunden) oder nordgehend in Tromsø (Aufenthalt 4 Stunden), wo das Schiff mitten im Zentrum festmacht. Es muss also keineswegs alles im Voraus gebucht werden.

Bitte beachten Sie, dass die Angebote der Reedereien von Jahr zu Jahr unterschiedlich sein können und Änderungen unterliegen. Für manche

Stolz weht die norwegische Postflagge am Heck.

Der Vesterålen *sieht man den Umbau von 1988 deutlich an.*

Angebote muss eine Mindestteilnehmerzahl erreicht werden, damit sie durchgeführt werden. Alle Angaben zu den Landausflügen sind ohne Gewähr. Bitte erkundigen Sie sich vor der Reise, welche Landausflüge aktuell angeboten werden. Wenn Sie an Bord buchen möchten, muss dies in der Regel spätestens am Vortag erfolgen.

Fahrzeug an Bord

Wer das eigene Fahrzeug mit an Bord nehmen möchte, sollte die Reise – vor allem in den Sommermonaten – frühzeitig buchen. Mit Ausnahme der *Lofoten* verfügen alle Schiffe über ein kleines Auto- und Frachtdeck mit Platz für etwa 45 Pkw.
Da die Kaianlagen unterschiedlich hoch sind, verfügen die Schiffe über einen seitlichen Fahrzeugaufzug. Die Reihenfolge des Beladens wird durch den Zielhafen bestimmt.
Bei so vielen Häfen gehört schon eine ausgeklügelte Logistik dazu, die Fahrzeuge in die richtige Reihenfolge zu bringen. Die Fahrzeugschlüssel müssen deshalb beim Ladeoffizier abgegeben werden, damit die Autos

von den Mitarbeitern bei Bedarf rangiert werden können.

Wertsachen

Mit Ausnahme von wenigen Suiten gibt es keine Safes in den Kabinen. Wertsachen können auf Wunsch im Schiffssafe gelagert werden. Sprechen Sie dazu die Mitarbeiter an der Rezeption an.

Trinkgelder

Hurtigruten ist keine Kreuzfahrt, es gibt keine festgelegten Trinkgeldsätze. Jeder Gast kann frei entscheiden, ob und wem er wie viel Trinkgeld gibt.

Wäscherei

Bei einer zwölftägigen Reise gibt es möglicherweise den Wunsch, zwischendurch einmal Wäsche zu waschen. Die neueren Schiffe haben einen Waschraum mit Waschmaschine, Trockner und Bügeleisen. Wertmarken zur Nutzung sind an der Rezeption erhältlich.

Norwegen
NORWEGISCHE
SEE
Kristiansund
Ålesund
Bergen
Ålesund
Torvik
Westkap
Nordfjord
Måløy
Florø
Balestrand
Sognefjord
Bergenbahn
Hardanger-
fjord
Bergen

Fjordnorwegen

Norwegens Fjorde sind weltweit berühmt. Geologisch betrachtet gibt es an der kompletten Küste des Nordlands von Oslo bis in den hohen Norden nach Kirkenes Fjorde. Als Fjordnorwegen werden jedoch nur vier Regierungsbezirke (norwegisch: Fylke) bezeichnet: Rogaland, Hordaland, Sogn og Fjordane sowie Møre og Romsdal. Bis auf Rogaland im Südwesten mit seiner Hauptstadt Stavanger werden die Häfen an der Küste Fjordnorwegens von Hurtigruten angelaufen. In diesen vier Fylke liegen die größten und bekanntesten Fjorde, darunter der Hardangerfjord, der Sognefjord und der Geirangerfjord. Hurtigrutengäste sehen von den Fjorden jedoch recht wenig, weil der Grundgedanke von Hurtigruten der einer schnellen Linienverbindung für Fracht in den Norden ist und nicht ein buntes Besuchsprogramm für Touristen.

Der Abstecher in den Geirangerfjord, der seit April 2000 im Sommerhalbjahr gemacht wird, ist eine Konzession an die internationalen Urlauber an Bord. Es ist der einzige der großen Fjorde Westnorwegens, den Gäste ganz aus der Nähe sehen. Die zusätzliche Zeit, die der Abstecher von Ålesund nordgehend aus kostet, wird durch eine etwas frühere Abfahrt in Bergen und einen etwas kürzeren Aufenthalt in Trondheim kompensiert – nördlich von Trondheim sind Sommer- und Winterfahrplan wieder identisch.

Die Küste Fjordnorwegens steht ganz im Zeichen interessanter Städte: Bergen, Ålesund und Kristiansund werden angelaufen. Zu den landschaftlichen Höhepunkten zählen neben dem Geirangerfjord (nordgehend) noch das Westkap, das aber nord- wie südgehend nur nachts umrundet wird, sowie der breite Romsdalsfjord bei Molde.

Bergen

Abfahrt nordgehend Sommer:

Tag 1, **20.00 Uhr**

Abfahrt nordgehend Winter:

Tag 1, **22.30 Uhr**

Ankunft südgehend:

Tag 12, **14.30 Uhr**

Norwegens zweitgrößte Stadt ist ein eigenes Reiseziel. Wer die Möglichkeit hat, hier im Rahmen seiner Rei- se ein oder zwei Tage zusätzlich zu verbringen, kann sich die Hansestadt Bergen in Ruhe erschließen. Bergens historisches Zentrum liegt rund um die Bucht Vågen. Bryggen, das einsti- ge Hanseviertel am Hafen mit seinen bunten Holzfassaden und den dahin- ter liegenden Speichern, ist der größ- te Touristenmagnet. Die Håkonshalle aus dem 13. Jahrhundert und die Festung Bergenshus befinden sich in unmittelbarer Nähe.

Historie

Wenn Bergen heute gern mit dem Titel Hansestadt wirbt, so ist das his- torisch nicht korrekt: In Bergen gab es wie in London ein bedeutendes Kontor der Hanse, aber ein stimm- berechtigtes Mitglied der Hanse war

Stadtplan Bergen

<table>
<tr><td>① Hanseviertel</td><td>⑤ Håkonshalle</td></tr>
<tr><td>② Hanseatisches Museum</td><td>⑥ Aquarium</td></tr>
<tr><td>③ Fløyen</td><td>⑦ Rasmus Meyer Samlinger</td></tr>
<tr><td>④ Fischmarkt</td><td></td></tr>
</table>

Das ehemalige Hanseviertel Bryggen mit seinen bunten Holzhäusern.

Bergen zu keinem Zeitpunkt. Das Verhältnis zwischen den Bergensern und den deutschen Kaufleuten war keineswegs konfliktfrei. Die Handelsprivilegien der Hanse wurden erst 1284 durch eine Seeblockade des Hafens erzwungen. Im Hanseviertel am Hafen galt das Lübische Recht, im Rest der Stadt dänisches Recht, denn Norwegen wurde von 1397 bis 1814 in Personalunion von Kopenhagen aus regiert. Das Verhältnis der dänischen Könige zur Hanse war immer angespannt, denn man rang um die Vorherrschaft im Ostseeraum.

Unter der dänischen Herrschaft wurde Bergen, das von 1217 bis 1299 immerhin die Hauptstadt Norwegens war, nicht besonders gefördert. Es verwundert nicht, dass in Bergen der Widerstand gegen die Statthalter des dänischen Königshauses in Oslo besonders stark war. 1769 zählte Bergen nur rund 18 000 Einwohner, heute sind es über 250 000.

Landgang

Die Bucht Vågen mit den Sehenswürdigkeiten und der Hurtigrutenanleger sind durch die Halbinsel Nordnes voneinander getrennt. Der Weg ins Zentrum ist zu Fuß machbar, aber es geht recht steil bergauf und wieder bergab. Mit Gepäck ist der Fußweg nicht zu empfehlen, da er teilweise über altes Kopfsteinpflaster und Treppen führt. Oberhalb der Straße Strandkaien hat man einen schönen Blick auf Bryggen.

Der Rosenkrantzturm vom 1562.

Sehenswertes

Selbstverständlich muss an erster Stelle das Hanseviertel Bryggen genannt werden. Die ältesten Häuser stammen aus dem Jahre 1702, wurden also erst nach der Hansezeit gebaut, jedoch im Stil der vorherigen Jahrhunderte: vorn die Büros und Wohnungen der Kaufleute, dahinter die Speicher und Lagerhäuser. Immer wieder haben Stadtbrände die Holzhäuser heimgesucht, zuletzt verwüstete 1955 ein großer Brand das Viertel. Danach wurde allen Ernstes überlegt, das Viertel abzureißen und völlig neu zu bebauen. Heute steht das historische Ensemble als UNESCO-Welterbe unter Schutz. Wie die Häuser im Inneren aufgebaut sind, lässt sich gut im Hanseatischen Museum erkennen.

Bergen, so heißt es, ist umgeben von sieben Bergen – auch wenn es de facto mehr sind. Für Gäste am einfachsten zu erreichen ist der Fløyen, auf den eine Standseilbahn hinaufführt. Oben gibt es eine Aussichtsterrasse mit weitem Blick über die Stadt und

die vorgelagerten Inseln sowie ein Ausflugsrestaurant. Die Bergstation ist ein guter Ausgangspunkt für Wanderungen. Der gut 200 Meter höhere Ulriken ist durch eine Gondelbahn mit der Stadt verbunden. Im Sommer

Kaffeepause vor den Hansehäusern.

bringen einen Busse vom Zentrum zur Gondelbahn.

Außerhalb des Zentrums liegt die Stabkirche Fantoft, die 1992 durch Brandstiftung zerstört, anschließend aber originalgetreu wieder aufgebaut wurde. Sie ist diejenige Stabkirche, die am nächsten an der Hurtigrutenstrecke liegt, alle anderen sehenswerten Stabkirchen befinden sich weiter im Inland. Zu den beliebten Ausflugszielen gehört auch Troldhaugen, das Haus des Komponisten Edvard Grieg und seiner Frau Nina. Leider ist Troldhaugen so gut besucht, dass Touristen nur in geführten Kleingruppen durch das ehrwürdige Wohnhaus geschleust werden. In der Nebensaison oder gegen Abend ist es meist ruhiger. Im benachbarten und eigens für die Besucher erbauten Saal werden kleine Konzerte gegeben. Sowohl Fantoft als auch Troldhaugen sind mit dem Bus oder

Das hanseatische Museum.

im Rahmen eine Stadtrundfahrt zu erreichen.

Sehenswert am Stadtrand ist Gamle Bergen: Was aussieht wie ein alter Stadtteil ist ein städtisches Freilichtmuseum, in dem erhaltenswerte Häuser wieder aufgebaut wurden. Einen ähnlichen Eindruck bekommt man auch in einigen Gassen auf der bereits angesprochenen Halbinsel Nordnes, nur dass die Häuser dort noch bewohnt sind.

An Museen lohnen noch – je nach Interessenslage – das Seefahrtsmuseum, das Aquarium sowie Bryggens Museum, das archäologische Ausgrabungen im Hanseviertel zeigt. Wer sich für Kunst interessiert, sollte die Rasmus Meyer Samlinger nicht verpassen, dort hängen auch einige Werke von Edvard Munch, Norwegens berühmtestem Maler.

Der Fischmarkt im Zentrum ist Geschmackssache. Zeitweise gab es dort kaum noch Fisch, dafür aber jede Menge Ramschsouvenirs. Inzwischen ist die Zahl der Fischstände wieder gestiegen; es gibt rustikale Bänke, an denen man sein Fischbrötchen oder einen Krabbenteller verzehren kann, so man denn Platz bekommt. Die Zahl der Souvenirstände wurde etwas zurückgedrängt. Es soll Einheimische geben, die hier ihren Fisch kaufen, aber die überwältigen-

In den Speichern von Bryggen.

de Mehrheit der Besucher sind ausländische Touristen, besonders von den Kreuzfahrtschiffen.

Ausflüge

Es gibt eine Tagestour namens »Norway in a nutshell«, die mit der Bahn nach Voss führt und von dort mit dem Bus nach Gudvangen. Von Gudvangen geht es per Schiff durch den Nærøyfjord und den Aurlandsfjord, zwei der schönsten Fjorde Westnorwegens, nach Flåm. Von Flåm bringt einen die Flåmsbahn, Europas steilste Normalspurbahn, hinauf nach Myrdal, wo in den Zug zurück nach Bergen umgestiegen wird. Die Reise dauert etwa acht Stunden und gibt einen ausgezeichneten Eindruck von der Enge der Fjorde. Übrigens gibt es eine ähnliche Reise auch als Aktivtour: mit der Bahn bis Myrdal, von dort per Fahrrad hinab nach Flåm, dann mit einem schnellen, offenen RIB-Boot nach Gudvangen und per Bus und Bahn zurück nach Bergen. Beide Touren erfordern eine Zusatznacht in Bergen.

Florø

Abfahrt nordgehend Sommer:
Tag 2, **2.15 Uhr**
Abfahrt nordgehend Winter:
Tag 2, **4.45 Uhr**
Abfahrt südgehend:
Tag 12, **8.15 Uhr**

Wenn das Schiff abends in Bergen abgelegt hat, führt der Kurs zunächst einmal durch die Inselwelt, vom offenen Meer ist wenig zu sehen. Florø wird in den frühen Morgenstunden erreicht, nordgehend werden die meisten Gäste den kleinen Ort wohl verschlafen. Auch südgehend bleibt nicht genug Zeit für einen Landgang. Ein Spaziergang durch das Zentrum ließe sich in weniger als 30 Minuten bewerkstelligen, denn Florø ist klein.

Seit 1860 hat Florø Stadtrechte, die Gemeinde – die weit größer ist als der Ort – zählt 8555 Einwohner. Die Dimensionen in Norwegen sind eben anders. Die Stadt wurde 1860 gegründet, um die seinerzeit starke Heringsfischerei zu unterstützen.

Stille See an einem Sonntagmorgen in Florø.

Denkmal für die Fischerjungen am Hafen von Florø.

Die Bergenser Kaufleute, die um ihre Handelsprivilegien fürchteten, votierten heftig gegen diese gezielt geförderte Stadtgründung, konnten sie aber nicht verhindern. Die planmäßige Anlage der Stadt ist bis heute in den Straßenzügen zu erkennen.

Måløy

Abfahrt nordgehend Sommer:

Tag 2, **4.30 Uhr**

Abfahrt nordgehend Winter:

Tag 2, **7.30 Uhr**

Abfahrt südgehend:

Tag 12, **5.45 Uhr**

Der Abschnitt zwischen Florø und Måløy ist ein gutes Beispiel dafür, wie Kapitän Richard With in den Gründungsjahren die Strecken ausgewählt hat: Die Route verläuft hinter Inseln geschützt durch Sunde. Von der Kleinstadt mit knapp mehr als 3000 Einwohnern bekommen Hurtigrutengäste wenig mit, weil sie entweder zu nachtschlafender Zeit oder im Dunkeln angelaufen wird. Måløys Ursprünge reichen bis zu einem Handelsplatz im Jahre 1692 zurück; Ende des 19. Jahrhunderts, zur großen Zeit des Fischfangs an der norwegischen Küste, nahm der Ort als Umschlagplatz für Fisch Gestalt an.

Måløy liegt am äußeren Ende des Nordfjords, der sich bei Kreuzfahrtschiffen zunehmender Beliebtheit erfreut. Der Nordfjord ist zwar weniger bekannt, reicht mit seinem Arm Innviksfjord aber bis nach Olden an den Fuß des größten norwegischen Gletschers, des Jostedalsbreen. 106 Kilometer lang bietet der Nordfjord eine ansprechende Revierfahrt für Kreuzfahrtschiffe. Aufgrund der Uhrzeiten bietet Hurtigruten keinen Landausflug zum Gletscher Jostedalsbreen. Zwischen Måløy und Torvik befindet

Blick vom 497 Meter hohen Westkap auf die Küste.

sich eine der schwierigen Passagen für Hurtigruten: Hier muss das Westkap umrundet werden. Das Westkap ist 497 Meter hoch – also höher als das Nordkap – und liegt am äußersten Punkt der Halbinsel Stadlandet. Der norwegische Wetterbericht unterscheidet zwischen »nord for Stad« und »sør for Stad«, also nördlich beziehungsweise süd-

lich des Westkaps, das sich weit in den Nordatlantik hineinschiebt. Hier liegt Norwegens Wetterküche, es ist oft stürmisch und kann kurz mal schaukelig werden. Die Wellen des Atlantiks werden vom steilen Ufer zurückgeworfen und sorgen für eine unruhige See. Aber keine Sorge, bei Torvik verläuft die Strecke bereits wieder geschützt hinter Inseln.

DER SCHIFFSTUNNEL

Seit über 100 Jahren gibt es Pläne, einen Tunnel für Schiffe an der schmalsten Stelle der Halbinsel Stadlandet zu bauen, um die Passage um das Westkap herum abzukürzen. Bereits 1874 erörterte eine Bergenser Zeitung das Thema auf dem Titel. Der Tunnel soll so groß sein, dass auch ein Hurtigrutenschiff hindurchpassen würde, die letzten Pläne von 2008 sehen eine Höhe von 33 Metern, eine Breite von 21,5 Metern und einen Tiefgang von 12 Metern vor. Ob diese Idee jemals verwirk-

licht wird, ist aber noch völlig offen. Die Kosten wurden im letzten Entwurf mit 1,7 Milliarden Norwegischen Kronen veranschlagt, also etwa 221 Millionen Euro. Zum Vergleich: Die Öresundbrücke zwischen Dänemark und Schweden hat etwa 1 Milliarde Euro gekostet, die gesamte Öresundverbindung inklusive Tunnel rund 2,8 Milliarden Euro. Dagegen nimmt sich der Betrag für den Schiffstunnel doch eher klein aus.
Für Hurtigruten wäre dieser Schiffstunnel eine zusätzliche Attraktion.

Fruchtbares Trogtal nahe dem Westkap.

Torvik

Abfahrt nordgehend Sommer:

Tag 2, **7.30 Uhr**

Abfahrt nordgehend Winter:

Tag 2, **10.45 Uhr**

Abfahrt südgehend:

Tag 12, **2.30 Uhr**

Torvik ist kaum mehr als ein Kai. Früher war der Anlauf durch Hurtigruten eine wichtige Verbindung für die Insel Leinøya und ihre Nachbarinseln. Doch nachdem die Inseln Hareid, Gurskøy, Leinøya und Runde allesamt durch ein System aus Brücken und Tunneln mit dem Festland verbunden sind, wäre ein Hurtigrutenanlauf eigentlich nicht mehr nötig. Touristisch interessant ist vor allem die Insel Runde, die für ihren Artenreichtum an Vögeln bekannt ist. Für Hobbyornithologen zählt sie zu den wichtigsten Zielen in Norwegen. Gegenüber liegt auf der Insel Hareid der Ort Ulsteinvik. Auf der Kværner Kleven Verft in Ulsteinvik wurden die *Nordkapp* (1996), die *Nordnorge* (1997) und die *Finnmarken* (2002) gebaut. Auf der benachbarten Ulstein Verft entstand die *Polarlys* (1996).

Ålesund

Aufenthalt nordgehend Sommer:

Tag 2, **8.45 bis 9.30 Uhr**

Abfahrt zweiter Anlauf **nordgehend** Sommer:

19.00 Uhr

Aufenthalt nordgehend Winter:

Tag 2, **12.00 bis 15.00 Uhr**

Aufenthalt südgehend:

Tag 12, **0.30 bis 1.00 Uhr**

Ålesund hat einen auf den ersten Blick komplizierten Fahrplan. Im Winter hat das Schiff am Nachmittag 3 Stunden Aufenthalt, genug Zeit also, die Stadt zu entdecken. Im Sommer hingegen muss man sich zwischen dem Geirangerfjord und Ålesund entscheiden, denn das Schiff liegt morgens nur etwa 45 Minuten in der Stadt und kehrt erst am Abend nach dem Abstecher in den Geirangerfjord zurück nach Ålesund. Theoretisch hat man also im Sommer die Möglichkeit, morgens auszusteigen, sich Ålesund in aller Ruhe anzuschauen und abends wieder an Bord zurückzukehren. Das macht aber kaum jemand, weil niemand den Abstecher in den Geirangerfjord verpassen möchte. Südgehend legt das

Stadtplan Ålesund

1 Aussichtspunkt Fjellstua   **3** Ålesunds Museum
2 Jugendstilcenter

Schiff erst um Mitternacht an. Für einen kurzen nächtlichen Spaziergang reicht die Zeit, zumal es im Sommer ja nicht dunkel wird.

Historie

Schon zur Wikingerzeit war die Gegend bei Ålesund besiedelt. Stadtrechte bekam Ålesund jedoch erst 1848. Heute ist Ålesund mit 43 000 Einwohnern die größte Stadt zwischen Bergen und Trondheim. Das Zentrum liegt auf drei Inseln. Am 23. Januar 1904 wurde Ålesund von einem verheerenden Stadtbrand nahezu vollständig zerstört. 850 Häuser brannten nieder, im Stadtzentrum blieben nur etwa 230 Häuser bewohnbar. Kaiser Wilhelm II., der sich häufig mit seiner Yacht *Hohenzollern II* in den norwegischen Fjorden aufhielt, ließ vier Schiffe mit Mate-

rial, Hilfsmannschaften und Zelten schicken. Zudem finanzierte der deutsche Kaiser einen Teil des Wiederaufbaus. Statt in Holz wurde nun in Stein gebaut, der seinerzeit populäre Jugendstil lässt sich bis heute an vielen Häusern im Zentrum erkennen. Von den einst 300 Jugendstilhäusern

Der Brosund zieht sich durch die Innenstadt von Ålesund.

Jugendstilornamente in Ålesund.

sind aber aufgrund von Neubauten in den 1960er- und 1970er-Jahren längst nicht mehr alle erhalten.

Landgang

Die Hurtigrutenschiffe machen ganz nah am Zentrum fest, die Fußgängerzone ist in wenigen Minuten zu Fuß zu erreichen. Dort steht das eine oder andere Jugendstilhaus, auf der anderen Seite des Sunds finden sich weitere hübsche Baudenkmäler. Für einen Spaziergang bis auf die gegenüberliegende Hafenmole reicht die Zeit nur während der Liegezeit im Winter. Nicht versäumen sollte man auf einem kurzen Spaziergang einen Blick über den Brosund, der sich durch die Stadt zieht. Im Sommer machen die Freizeitboote hier fest und sorgen für eine lebhafte maritime Atmosphäre in Ålesund.

Hurtigruten bietet während des Winterfahrplans einen etwa zweistündigen Stadtrundgang als Landausflug an. Wer Informationen durch einen einheimischen Guide haben möchte, kann diesen Landausflug buchen. Man kann sich die Stadt aber ebenso gut auf eigene Faust erschließen.

TIPP

Den schönsten Blick auf Ålesund hat man vom Hausberg Aksla, der sich 189 Meter über das Zentrum erhebt. Hinauf führt eine Treppe mit 418 Stufen, für weniger sportliche Besucher gibt es auch einen Bus oder aus Zeitgründen ein Taxi. Oben wartet die Fjellstua, ein Ausflugslokal mit einem unvergleichlichen Panoramablick – der bei Kaffee und Kuchen natürlich auch einen kleinen Aufpreis kostet. Man kann aber auch ohne Verzehr von der benachbarten Terrasse weit über die Stadt und die umliegenden Inseln bis auf das Meer schauen. Der Aksla zählt zu den schönsten Aussichtspunkten in Westnorwegen. Im Winterhalbjahr vorsichtshalber vorher unter www.fjellstua.no die Öffnungszeiten prüfen.

Geiranger

Ankunft nordgehend Sommer:
13.25 Uhr

Der Geirangerfjord ist wohl der berühmteste Fjord Norwegens. Dabei ist er nur 15 Kilometer lang und ein Nebenarm des Sunnylvsfjords, der wiederum vom Storfjord abzweigt. Seinen weltweiten Ruf hat der Geirangerfjord, weil er so schmal ist und über sehr steile Ufer verfügt. Alle umliegenden Berge sind um die 1500 Meter hoch, teils fallen die Felswände nahezu lotrecht zum Fjord ab. Ähnlich steil sind nur der Lysefjord bei Stavanger und der Nærøyfjord, ein Arm des Sognefjords.

Der Geirangerfjord ist nur an seinem inneren Ende von Land aus zugänglich, es gibt keine Straßen am Ufer oder oberhalb in den Bergen. Nur die beiden Straßen zum Ort Geiranger am Ende des Fjords erlauben eine Zufahrt von Land aus, jedoch nicht ganzjährig. Der Weg über den Fjord ist die einzige sichere ganzjährige Möglichkeit, Geiranger zu erreichen. Je weiter das Schiff auf dem Storfjord von Ålesund aus ins Land eindringt, umso enger wird der Fjord. Anfangs noch lieblich, mit Ortschaften am Nordufer, ändert sich das Bild ab der Ortschaft Stranda. Hier biegt das Hurtigrutenschiff in den Sunnylvsfjord ein, steil ragen die Ufer empor.

Die Richard With *verlässt den Geirangerfjord.*

Karte Geiranger

Keine Siedlung, keine Straße. Mit dem Abbiegen in den Geirangerfjord wird die Szenerie noch dramatischer, weil dieser Fjord noch enger ist. Weit droben sind noch vereinzelt verlassene Almen zu erkennen, Wasserfälle stürzen sich dramatisch aus der Höhe herab. Die Sieben Schwestern und der Brautschleier sind die berühmtesten Wasserfälle. Zwei Biegungen verstellen den Blick nach vorn, was die Spannung zusätzlich schürt. Dann taucht die Ortschaft Geiranger auf, die ihre Berechtigung eigentlich nur den Touristen verdankt: Hotels, Campingplatz, Ferienhäuser und eine winzige Tankstelle prägen das Bild.

Ganzjährig wohnen hier nur etwa 240 Menschen, die meisten arbeiten im Tourismus.

Landgang

Es gibt keinen Kai in Geiranger, das Ausschiffen erfolgt mit Booten. Sobald die Boote zurück sind und auf das Bootsdeck gewinscht wurden, verlässt das Hurtigrutenschiff Geiranger wieder. Es gibt daher keine Möglichkeit, individuell an Land zu gehen. Vom 1. Juni bis 31. August führt der Ausflug von Geiranger über die Adlerstraße hinüber zur Fähre von Eidsdal nach Linge. Nach einem Stopp an der spektakulären Schlucht

Großartiges Panorama im Geirangerfjord.

Gudbrandsjuvet werden die Serpentinen des Trollstigen erreicht.
Da das Schiff in Molde erst um 22.00 Uhr ankommt, gibt es noch ein Abendessen an Land, bevor es wieder an Bord geht. Wer den Landausflug nicht mitmacht, fährt mit dem Schiff durch den Geirangerfjord zurück nach Ålesund.

Im September und Oktober wird statt des Geirangerfjords ein anderer Arm des Storfjords besucht: Der kleine Hjørundfjord zählte schon zu Kaisers Zeiten zu den beliebten Ausflugszielen per Schiff. Er steht zu Unrecht im Schatten des berühmteren Geirangerfjords. Die Ausschiffung erfolgt nahe dem Fähranleger Urke per Boot.

Die sieben Schwestern heißt der Schleierwasserfall.

Was mag hinter der nächsten Kurve des Geirangerfjords warten?

Der 1500 Meter hohe Berg Dalsnibba bietet eine tolle Aussicht.

HINTERGRUND:
LUFTVERSCHMUTZUNG DURCH SCHIFFE

Schiffe werden in der Regel mit Schweröl betrieben, die Abgase gelangen kaum gereinigt in die Luft. Da Schiffe 30 bis 50 Jahre genutzt werden, manche sogar noch länger, sind technische Umbauten nur in begrenztem Maß möglich. Die Schiffsabgase sind nicht nur in den Hafenstädten ein zunehmendes Problem, sondern gerade auch in den engen Fjorden, wo der Luftaustausch je nach Wetterlage deutlich erschwert sein kann. Dann hängt im Fjord eine gelbliche Wolke über den Schiffen.

Im Geirangerfjord, der als UNESCO-Welterbe unter Schutz steht, sind deshalb maximal drei Kreuzfahrtschiffe gleichzeitig zugelassen. Das hat nicht nur mit dem Umweltschutz zu tun, sondern auch mit der Kapazität an Land. Denn es müssen ja auch genügend Busse für die Urlauber vorhanden sein. Hurtigruten zählt aufgrund seiner kurzen Ver-

weildauer und des Linienverkehrs nicht zu den Kreuzfahrtschiffen.

Am Problem der Luftverschmutzung wird intensiv gearbeitet. Vorreiter sind die Häfen des Ostseeraums, vor allem Stockholm, die auf die Einführung von Landstrom drängen, damit der Schiffsantrieb während der Liegezeit nicht für die Energieerzeugung genutzt werden muss. Noch gibt es keinen einheitlichen internationalen Standard für die Art des Anschlusses. Ob Landstrom sinnvoll ist, wird kontrovers diskutiert. Bei kurzen Liegezeiten bringt Landstrom vermutlich kaum eine Entlastung, für Hurtigruten beispielsweise würde Landstrom wenig Sinn machen.

Die Frage des Treibstoffs ist der entscheidende Ansatzpunkt. Hier gibt es zwei mögliche Lösungen. Ein Weg ist der komplette Verzicht auf schwefelhaltige Treibstoffe. Dieser Weg wird in Norwegen vorangetrieben. Mehrere regionale Fähren fahren inzwischen mit Gasantrieb, auch die neuen großen Fährschiffe von Fjord Line sind für den Betrieb mit Gas vorbereitet. Bei den konventionellen Antrieben hingegen geht es einerseits darum, den Schwefelgehalt im Treibstoff zu senken, andererseits mit Abgasfiltern zu arbeiten. International sind derzeit noch maximal 4,5 Prozent Schwefel im Treibstoff erlaubt.

In den Sondergebieten Ostsee und Nordsee wurde der erlaubte Schwefelgehalt im Treibstoff schon vor Jahren auf maximal 1,5 Prozent festgelegt und seit 2010 auf ein Prozent gesenkt. In allen EU-Häfen liegt der erlaubte Schwefelgehalt seit 2010 während einer Liegezeit von mehr als 2 Stunden seit 2010 bei nur 0,1 Prozent, was bedeutet, dass lediglich Schiffsdiesel zum Einsatz kommt. Ab 2015 darf in Nord- und Ostsee sowie im Ärmelkanal nur noch mit Treibstoff von 0,1 Prozent Schwefelgehalt gefahren werden oder es müssen so genannte Scrubber, eine Art Abgasfilter, zum Einsatz kommen.

Die Forderung von Umweltverbänden, grundsätzlich nur Treibstoff mit einem Schwefelgehalt von 0,1 Prozent zu benutzen, wurde von den Reedern lange abgelehnt. Schiffsdiesel ist ungleich teurer als Schweröl, was dazu führen würde, dass die Passage für Fracht oder Passagiere deutlich teurer würde. Wer ein Dieselauto fährt oder die Preise für Heizöl verfolgt, hat den Preisanstieg der vergangenen Jahre erlebt. Für Schiffsdiesel verlief die Preisentwicklung parallel.

Möglicherweise erringen die Umweltverbände einen Pyrrhussieg, wenn sie einen Schwefelgehalt von 0,1 Prozent im Treibstoff für Fähren, Frachter und Kreuzfahrtschiffe durchsetzen. Denn trotz aller Abgase ist ein Schiff immer noch deutlich umweltfreundlicher als andere Transportmittel wie Flugzeuge oder Autos, wenn man es pro Kopf umrechnet.

Das Problem der Schifffahrt ist die Langlebigkeit der Schiffe: Autos werden im Schnitt knapp zwölf Jahre genutzt, private Heizungen oft nach 15 bis 20 Jahren getauscht, ein Schiff jedoch frühestens nach 30 Jahren. Es dauert einfach länger, bis Innovationen in der Schifffahrt in großem Stil umgesetzt werden können.

Wolken im Fjord erschweren den Luftaustausch.

Hurtigrutenschiff im warmen Licht des Nordens.

Molde

Abfahrt nordgehend Sommer:

Tag 2, **22.15 Uhr**

Abfahrt nordgehend Winter:

Tag 2, **18.30 Uhr**

Abfahrt südgehend:

Tag 11, **21.30 Uhr**

Molde hat eine schöne Einfahrt, die durch den weiten Moldefjord führt. Die umliegenden Berge sind mit maximal 800 Meter deutlich niedriger, die Landschaft wirkt nicht so rau und abweisend wie die felsigen Ufer des Geirangerfjords. Und im Hintergrund lugen die Gipfel der sogenannten Romsdalsalpen hervor, mit Gipfeln zwischen 1500 und 1800 Metern Höhe.

Molde nennt sich »die Rosenstadt«, was sich auf einem kurzen Spaziergang während der Liegezeit im Sommer leicht überprüfen lässt. Schon von Weitem ist Molde an einem ganz besonderen Bauwerk zu erkennen.

Das 15 Stockwerke hohe Hotel Seilet wurde in Form eines Segels direkt am Ufer gebaut. In der gläsernen Fassade des markanten Hotels spiegelt sich der Fjord.

Molde ist alljährlich Ende Juli Schauplatz eines internationalen Jazzfestivals, das häufig durch erstklassige Besetzung glänzen kann. Seit 1961 kommen Spitzenmusiker aus aller Welt in die 24 000 Einwohner zählende Kleinstadt, darunter Größen wie Miles Davis, Oscar Peterson und der Norweger Jan Garbarek.

In Molde treffen sich im Sommer das nord- und das südgehende Schiff, die Ankunftszeiten liegen nur 30 Minuten auseinander. Wenn beide pünktlich sind, überschneiden sich ihre Liegezeiten am Kai ein wenig. Wer einen kurzen Abendspaziergang gemacht hat, muss darauf achten, nicht das falsche Schiff zu nehmen. Aber spätestens bei der Kontrolle der Bordkarte fällt der Fehler auf.

Moderne Architektur in Molde: Hotel wie ein Segel.

Kristiansund

Abfahrt nordgehend Sommer:

Tag 3, **2.00 Uhr**

Abfahrt nordgehend Winter:

Tag 2, **23.00 Uhr**

Abfahrt südgehend:

Tag 11, **17.00 Uhr**

Zwischen Molde und Kristiansund liegt das zweite Teilstück, auf dem es mal etwas schaukeliger an Bord werden kann: Das Wasser im Küstenabschnitt Hustadvika ist relativ niedrig, hier entstehen oft unangenehme Wellen, selbst bei wenig Wind. Nordgehend sind die meisten schon in der Koje, südgehend wird ein Landausflug ab Kristiansund angeboten.

Kristiansund selbst liegt geschützt auf vier Inseln, die teilweise durch Brücken und kleine Personenfähren

Auslaufen am Nachmittag aus Kristiansund.

Stadtplan Kristiansund

miteinander verbunden sind. Vom Meer kommend, ist die Einfahrt erst spät zu erkennen. Zum Meer hin stehen kaum Häuser. Doch hinter der schmalen Durchfahrt unter einer Brücke hindurch öffnet sich ein natürlicher Hafen, um den herum die Stadt entstanden ist.

Nordgehend bekommt man von Kristiansund wenig mit, weil es nachts angelaufen wird, doch südgehend steht die Stadt am späten Nachmittag im Fahrplan.

Landgang

Südgehend wird ein interessanter Ausflug angeboten: Dazu besteigt man in Kristiansund den Bus, der nach Molde fährt. Das hat zum einen den Vorteil, dass die kabbelige See bei Hustadvika vermieden wird – das steht so natürlich nicht im Programm. Zum anderen lockt die Atlantikstraße als Attraktion, eine Straße, die mit hübsch geschwungenen Brücken Holme und Inseln am Rand des Nordatlantiks miteinander verbindet. Freier Blick auf den Atlantik zur einen Seite und in den Kornstadfjord auf der anderen Seite, das ist schon imposant. Allerdings beschränkt sich das spannende Stück der Atlantikstraße auf kurze 9 Kilometer. Zum Ausflug gehört auch ein Besuch der

Kristiansund liegt auf mehreren Inseln rund um den Hafen.

Stabkirche Kvernes. Sie zählt zu den jüngeren Stabkirchen und ist äußerlich eher unscheinbar. Ihr fehlen beispielsweise der typische Umlauf, die Holzschindeln und die aufwendigen Verzierungen, die Stabkirchen wie Urnes, Borgund oder Heddal auszeichnen. Die Wandmalereien im Inneren sind jedoch sehenswert. Wenn das Schiff Molde erreicht, ist das Abendessen an Bord bereits vorbei. Deshalb ist bei diesem Ausflug auch ein Abendessen in einem Restaurant vorgesehen.

Im Schifffahrtsmuseum warten Veteranen auf die Restaurierung.

DIE FJORDE

Die Fjorde Norwegens sind ein Ergebnis der letzten Eiszeit, die auf etwa 10 000 v. Chr. datiert wird. Mit dem Abschmelzen des Eises hob sich das Land um bis zu 800 Meter. Die Fjorde sind Trogtäler, die durch Talgletscher ausgeschliffen wurden. Durch ihre Lage nah am Meer konnte Wasser einströmen, als das Eis geschmolzen war. Je nachdem, wie hart oder weich das umliegende Gestein war, wurden die Hänge steil oder flacher.

Zu den bekanntesten Fjorden Norwegens gehören der raue Lysefjord bei Stavanger, der Hardangerfjord mit seinen Armen südlich von Bergen und der Sognefjord. Mit 220 Kilometern ist er der längste Fjord Europas, wenn man all seine Arme mitrechnet: Zu diesen zählen der Lusterfjord, der Aurlandsfjord und der Nærøyfjord. An seiner tiefsten Stelle misst der Sognefjord 1308 Meter! Als Faustregel mag gelten, dass ein Fjord unter Wasser etwa so tief ist, wie die umliegenden Berge hoch sind.

Gletscher schieben Geröll und Gestein vor sich her und türmen es am Gletschertor zu einem Wall auf, so auch in Norwegen zur letzten Eiszeit. Diese Wälle gibt es ebenfalls in den Fjorden unter Wasser. Wie tief die Fjorde auch immer ausgekerbt sein mögen, an ihren Mündungen ins Meer ist die Wassertiefe nur gering. Manchmal beträgt sie gerade einmal 20 Meter. Die Folge ist ein vergleichsweise geringer Wasseraustausch zwischen Meer und Fjord. In der Pionierzeit der Lachsfarmen mussten die Lachszüchter schnell erkennen, dass sie ihre Fische nicht in den geschützten Fjorden aufziehen konnten. Futtermittel, Medikamente und Exkremente verunreinigten in den 1980er-Jahren das Fjordwasser teilweise stark. Diese Problematik hat man heute deutlich besser im Griff. Lachsfarmen mit ihren typischen kreisrunden Becken sieht man vornehmlich in geschützten Buchten auf der Landseite von Inseln.

Zwei Fjordarme wurden in Norwegen als UNESCO-Welterbe unter Schutz gestellt: der Nærøyfjord, ein Nebenarm des Sognefjords, und der Geirangerfjord.

Die Fjorde sind ein beliebtes Ziel für Kreuzfahrtschiffe und durch ihre Tiefe gibt es auch kaum Probleme mit der Befahrbarkeit. Die am meisten besuchten Fjorde sind der Hardangerfjord mit den Liegeplätzen in Eidfjord (Kai) und Ulvik (Reede), Sognefjord und Aurlandsfjord mit dem Liegeplatz in Flåm (Kai), der Nordfjord mit den Liegeplätzen Nordfjordeid (Reede) und Olden (Kai) sowie natürlich der Geirangerfjord (Reede und ein neuer, langer Steg für das Schiff). Das Erlebnis der Fjorde kann Hurtigruten mit Ausnahme des Geirangerfjords im Sommer nicht bieten.

Größenvergleich: Die Lofoten *(1964) neben der* Norwegian Jade *(2006).*

N
Svolvær
Harstad
Bodø
Sandnessjøen
Rørvik
Trondheim
Norwegen
Lofo
NORWEGISCHE
SEE
Brønnøysund
Rørvik
NOR
Kristiansund
Trondheim

oten
Harstad
Svolvær
Narvik
Erzbahn
Stamsund
Bodø
Ørnes
Svartisen
SCHWEDEN
Nesna
Sandnessjøen
WEGEN

Trøndelag und Nordlandküste

Der Regionalismus ist in Norwegen stark ausgeprägt. Und so legen beide Seiten Wert auf die Feststellung, dass Trøndelag nicht mehr zu Fjordnorwegen gehört. Das mag auch an der starken Konkurrenz zwischen Bergen und Trondheim liegen, den beiden größten Städten nach Oslo. Beide waren einst selbst Hauptstadt, beide waren und sind wichtige Schifffahrtstädte – einen rund 1000-jährigen Wettbewerb um die Vorherrschaft an Norwegens Westküste kann man nicht einfach ausblenden.

Trøndelag heißt die Landschaft rund um Trondheim, politisch unterteilt in die Fylke Sør-Trøndelag und Nord-Trøndelag. Nach Norden hin schließt sich das Fylke Nordland mit der Hauptstadt Bodø an. Auch wenn die politischen Funktionen eines Fylke eher einem Regierungsbezirk entsprechen, haben ihre Flächen doch die Ausmaße eines Bundeslands.

Bergen und Trondheim, das ist auch das Duell der beiden größten Reedereien, die an Hurtigruten beteiligt waren: Det Bergenske Dampskibsselskab (BDS, 1894 bis 1979) und Det Nordenfjeldske Dampskibsselskab (NFDS, 1894 bis 1985). Ihre Wirtschaftskraft und ihre neuen Schiffe prägten Hurtigruten nach dem Zweiten Weltkrieg.

Die *Nordstjernen*, die für BDS gebaut wurde, ist noch als Museumsschiff unterwegs. Zwei NFDS-Schiffe schwimmen noch: *Die Ragnvald Jarl* von 1956 dient als Schulschiff in Kristiansand, die *Harald Jarl* von 1960 fährt sogar noch als Kreuzfahrtschiff.

Trøndelag reicht bis an die schwedische Grenze heran, hier beginnt der schmalste Teil Norwegens. Rund um den Trondheimsfjord ist das Land relativ dicht besiedelt, es gibt fruchtbare Böden. Das war es dann aber auch mit Landwirtschaft, Richtung Norden wird es karg und gebirgig. Im Inland beginnt das Gebiet der Rentierzüchter, an der Küste finden sich vereinzelt Kleinstädte.

Traditionsreiche Hurtigruten: Die Nordstjernen *von 1956.*

Trondheim

Aufenthalt nordgehend Sommer:
Tag 3, **8.30 bis 12.00 Uhr**
Aufenthalt nordgehend Winter:
Tag 3, **6.00 bis 12.00 Uhr**
Aufenthalt südgehend:
Tag 11, **6.30 bis 10.00 Uhr**

Trondheim ist mit 176 000 Einwohnern nach Oslo und Bergen die drittgrößte Stadt Norwegens. Der Hafen liegt an der Mündung des Flusses Nidelva in einem relativ flachen Gebiet – eine der Voraussetzungen für das jahrhundertelange gleichmäßige Wachstum der Stadt. Im Norwegischen sagt man: »Vi har gode kommunikasjoner.« Auf Deutsch heißt das wörtlich: »Wir haben gute Kommunikation.« Aber Kommunikation meint im Norwegischen Verkehrsverbindungen: In Trondheim treffen sich die Dovre-Bahn, die Europastraße 6 und Hurtigruten, dazu gibt es außerhalb in Værnes einen der großen Flughäfen. Trondheim ist der wichtigste Verkehrsknotenpunkt in Mittelnorwegen und hat deswegen eine »gute Kommunikation«. Selbstverständlich wird Hurtigruten als Teil dieser Verbindungen angesehen.

Immer wieder gab es in der Geschichte von Hurtigruten Diskussionen darüber, den südlichen Wendepunkt von Bergen nach Trondheim zu verlegen, da die eigentliche Bedeutung der Linie ohnehin im Norden des Lands liegt. In der Frühzeit von Hurtigruten, als noch jede am Linienverkehr beteiligte Reederei eine einzelne staatliche Lizenz erhielt, gab es auch Lizenzen ab Trondheim.

Historie

Das Gründungsdatum von Trondheim ist auf das Jahr 997 festgelegt worden. Dabei bezog man sich hauptsächlich auf die Wikingersagas, also auf mündlich überlieferte Geschichtsdaten. Archäologen sind sich heute sicher, dass es schon früher eine Siedlung an der Mündung des Nidelva gab, die aus Gehöften und Bootshäusern bestand und in

Speicherhäuser am Fluss Nidelva in Trondheim.

Stadtplan Trondheim

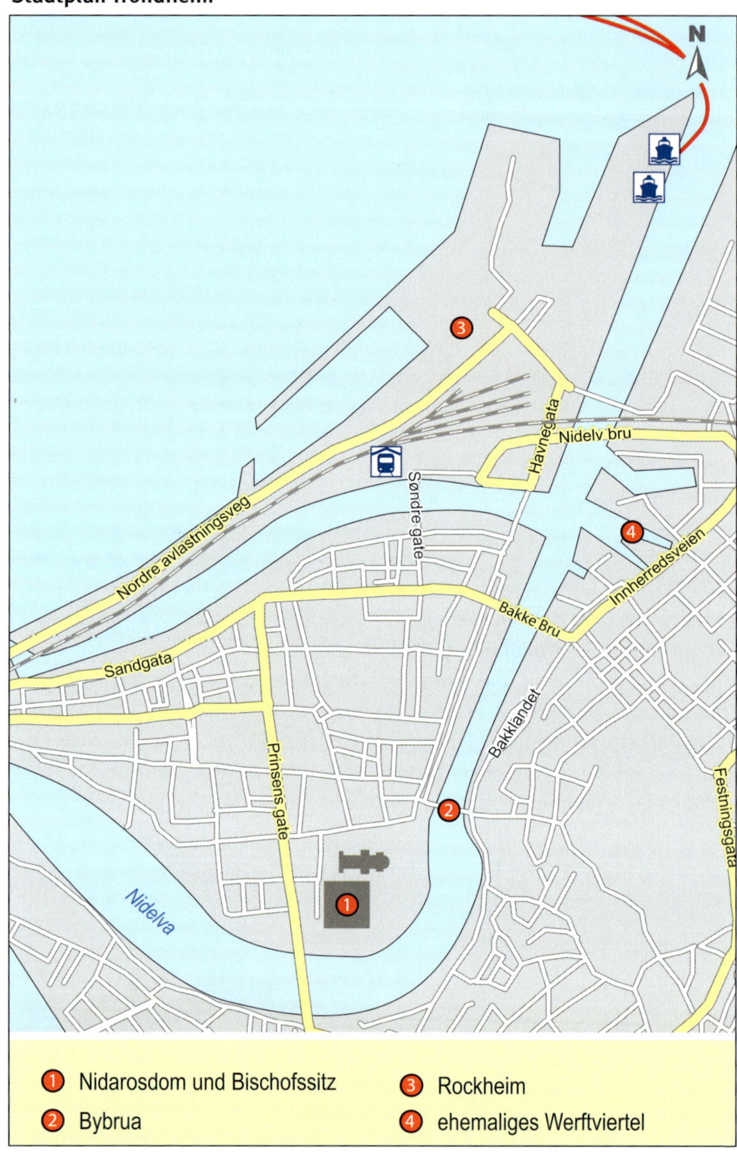

1 Nidarosdom und Bischofssitz	**3** Rockheim	
2 Bybrua	**4** ehemaliges Werftviertel	

der Handel getrieben wurde. Von 1030 bis 1217 war Trondheim die Hauptstadt Norwegens. König Olav Tryggvason soll der Sage nach Trondheim gegründet haben. Er trieb die Christianisierung Norwegens voran.

Bereits 1152 wurde Trondheim Sitz eines Erzbischofs. Mehrere Klöster entstanden, darunter eines auf der Insel Munkholmen im Fjord. Bis heute ist die Stadt das geistliche Zentrum Norwegens.

Einen heftigen Streit gab es um den Namen der Stadt. Ursprünglich hieß sie nach dem Fluss Nidaros. Trondheimen war zunächst nur der Name der Region, die heute Trøndelag heißt. Im Spätmittelalter war dann oft von »Kaupangen i Trondheimen«, also dem Handelsplatz in der Region Trondheimen die Rede, wenn man von Nidaros sprach. Während der Zeit der dänischen Herrschaft wurde der Name zu Trondhjem eingedänischt und nur noch für die Stadt verwendet. So blieb es rund 600 Jahre. Die Nationalromantik des 19. Jahrhunderts war in Norwegen sehr stark ausgeprägt. Einerseits war man 1814 im Wiener Kongress von Dänemark getrennt worden, hatte aber nicht wie gefordert die volle Selbstständigkeit erhalten, sondern wurde Schweden zugewiesen, das seinerseits Finnland nach 600 Jahren an Russland verlor. Die schwedische Herrschaft über Norwegen dauerte von 1814 bis 1905. In diese Zeit fielen auch die Versuche, Neunorwegisch (Nynorsk) als eigene Sprache zu etablieren, um sich damit vom (sprachlichen) dänischen Erbe loszusagen und sich eine eigene Identität zu geben. Dazu gehörte auch die Umbenennung von Städten. Oslo, das seit 1624 Christiania hieß, wurde 1925 offiziell wieder zu Oslo. Halden und Stavern bekamen ihre norwegischen Namen 1927 und 1930. Auch Trondhjem sollte wieder Nidaros heißen. Die Bürger der Stadt hatten sich 1928 allerdings in einer Volksabstimmung deutlich für die Beibehaltung von Trondhjem ausgesprochen, trotzdem erfolgte 1930 die Umbenennung in Nidaros durch das Storting, das Parlament in Oslo. Nach heftigen Protesten entschieden sich die Osloer Abgeordneten 1931 für die norwegische Schreibweise Trondheim. Übrigens: Die alte deutsche Schreibweise Drontheim gab es in Norwegen nie, sie sollte nur der besseren Aussprache dienen.

Sehenswertes

Der Nidarosdom ist Norwegens bedeutendste Kirche und Trondheims größte Sehenswürdigkeit. Die Ge-

Der historische Hof des Erzbischofs und der Nidarosdom.

Am Westportal des Nidarosdoms.

schichte des Baus ist wechselhaft: Um 1030 erstand wohl auf Basis einer Holzkirche die erste in Stein gebaute Kirche, also sehr früh für den Norden Europas. Im 12. und 13. Jahrhundert erfolgte der weitere Ausbau, 1220 bis 1240 entstanden Langschiff und Turm, von 1248 bis 1320 kam die Westfront hinzu. Etwa zwischen 1300 und 1320 war der Bau der Kirche vermutlich im Wesentlichen abgeschlossen. Doch immer wieder zerstörten Brände die Kirche. Der Brand von 1531 führte dazu, dass die Kirche nahezu 400 Jahre als (teilweise) dachlose Ruine ein trauriges Dasein fristete. Die Brände 1708 und 1719 machten die Sache auch nicht besser. Norwegen war zu dieser Zeit eine verarmte Provinz Dänemarks, in die die dänischen Herrscher nur das Nötigste investierten.

Die hölzerne Klappbrücke wird gern fotografiert.

Der Fluss Nidelva umschließt die Innenstadt in einem Bogen.

Es war in der Zeit der Nationalromantik des 19. Jahrhunderts, als die Norweger auf der Suche nach Symbolen für die nationale Identifikation waren, als der Nidarosdom wieder »entdeckt« wurde. 1869 begannen die Restaurierungsarbeiten, die sich bis weit ins 20. Jahrhundert zogen. Die letzte Statue der Westfront wurde 1983 eingesetzt, der offizielle Abschluss der Restaurierung – oder sollte man besser Rekonstruktion sagen – wurde erst 2001 begangen.

Die Domkirche war lange Zeit die Krönungsstätte der norwegischen Könige, zuletzt 1906 für König Håkon VII. Nachdem das Storting die Krönung 1908 abschaffte, wurden hier noch König Olav V. und der amtierende König Harald V. zu Beginn ihrer Regentschaft gesegnet. Bis heute ist der Nidarosdom ein wichtiges nationales Symbol – was auch daran liegen mag, dass es keine vergleichbare Kirche in Norwegen gibt.

Bei einem Stadtrundgang entlang des Flusses Nidelva gelangt man unweigerlich zur Bybrua (Stadtbrücke), einer hölzernen Klappbrücke aus dem Jahre 1861. Sie ist mit den Speicherhäusern im Hintergrund ein beliebtes Fotomotiv. Eine neue Attraktion hat Trondheim im März 2010 erhalten: Das Museum Rockheim befindet sich in einem ehemaligen Speicher am Hafen und ist vom Schiff aus schnell zu erreichen. Es erzählt die Geschichte der Rock- und Popmusik in Norwegen seit den 1950er-Jahren. Das Besondere an dem Museum sind die unzähligen interaktiven Darstellungen, die international wegweisend sind: Virtuelles Blättern in alten Zeitschriften, Filme von nationalen Ausscheidungen zum Eurovison Song Contest (vormals Grand Prix Eurovision de la Chanson) – wer Spaß an zeitgenössischer Musik hat, wird dieses Museum genießen. Einen Tipp wert ist die Museumscafeteria im fünften Stock mit Blick über die Stadt und den Hafen.

Landgang
Die Lage des Hurtigrutenkais und die relativ lange Liegezeit machen Ausflüge auf eigene Faust möglich. Wer nur Kaffeetrinken gehen möch-

Das Museum Rockheim erzählt die Geschichte der Popmusik.

te, wird im ehemaligen Werftgelände am nördlichen Ufer des Nidelva fündig. Rund um ein altes Dock sind hier in den ehemaligen Werkshallen Kneipen, Cafés und Restaurants entstanden – eine wirklich gelungene Umwidmung einer alten Industrielandschaft. Rechts und links des Flusses stehen noch zahlreiche alte Speicherhäuser. Auch moderne Gebäude wurden weitgehend passend eingefügt. Der Nidarosdom ist zu Fuß erreichbar. Insbesondere auf der nordgehenden Tour hat man genügend Zeit für einen ausführlichen Stadtbummel mit Besichtigung des Doms und eines der Museen.

Hurtigruten bietet nordgehend vier Landausflüge an, südgehend sind es zwei. Den Stadtrundgang und den Besuch des Nidarosdom könnte man auch individuell machen. Das Ringve-Museum jedoch liegt außerhalb. Es bietet eine große Sammlung an historischen Musikinstrumenten, einige werden durch Studenten im Rahmen einer Führung auch praktisch vorgeführt. Auch die Festung Munkholmen besucht man besser im Rahmen einer geführten Tour.

Rørvik

Abfahrt nordgehend:
Tag 3, **21.15 Uhr**
Abfahrt südgehend:
Tag 10, **21.30 Uhr**

Beim Ablegen in Trondheim lohnt noch einmal ein Blick auf die kleine Insel Munkholmen, wo einst Mönche ein Kloster gründeten. Im 17. Jahrhundert entstand hier eine Festung, später wurden die Gebäude als Staatsgefängnis benutzt.

Dann geht es durch den breiten Trondheimsfjord. Das nördliche Ufer bildet die Halbinsel Fosen. In dem Örtchen Rissa entstanden auf der Werft Fosen Mekaniske Verksteder die beiden jüngsten Hurtigrutenschiffe *Trollfjord* (2002) und *Midnatsol* (2003).

Liebhaber von Leuchttürmen können nordgehend ein paar Prachtexemplare entdecken. Kjeungsskjær Fyr beispielsweise stammt aus dem Jahre 1880. 1987 wurde das Leuchtfeuer automatisiert. Der Leuchtturm steht unter Denkmalschutz und die Wärterwohnung mit ihren sechs Schlafplätzen kann man sogar mieten.

Stadtplan Rørvik

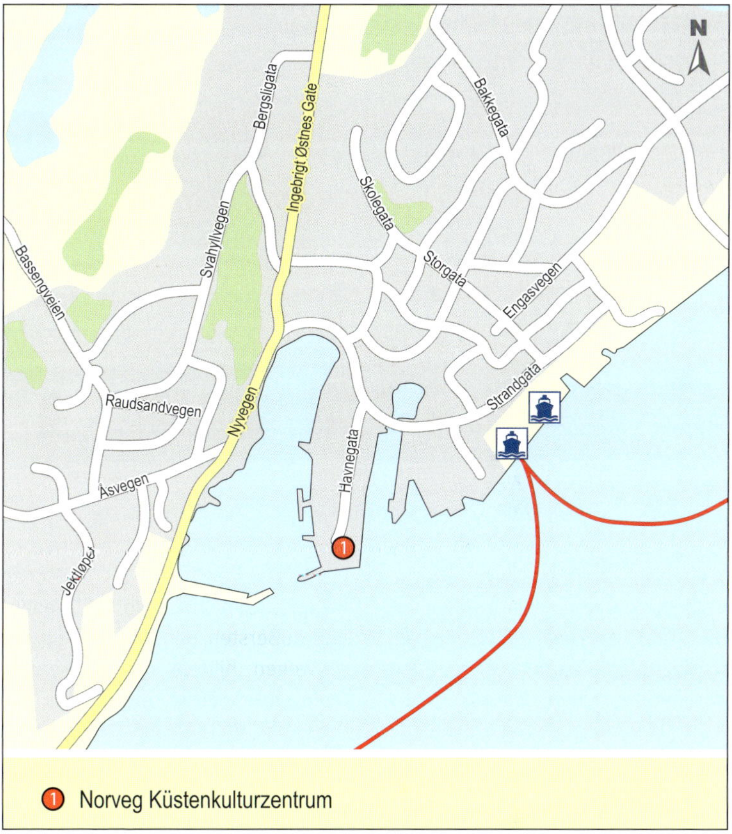

Rørvik ist über eine Brücke mit dem Festland verbunden.

Das Küstenkulturzentrum Norveg in Rørvik.

Am späten Nachmittag wird der enge Stocksund passiert, Durchsagen locken die Gäste auf das Außendeck. Die Insel Stockøya ist seit einigen Jahren durch eine hohe Brücke über den Sund mit dem Festland verbunden. Oft stehen Menschen auf der Brücke, um dem durchfahrenden Schiff zuzuwinken.

Rørvik wird am Abend erreicht, hier treffen sich das nord- und das südgehende Schiff. Rørvik liegt auf der Insel Vikna und mag als typisches Beispiel für »utkant-Norge« dienen, den äußersten Rand Norwegens. In Norwegen bildete der Wasserweg über Jahrhunderte die einzige zuverlässige Verbindung. Deshalb entstanden alle wichtigen Orte an der Küste. Doch mit der ab Mitte des 20. Jahrhunderts einsetzenden Verlagerung der Verkehrswege hin zu Autos

Dieser Stockfisch hat es bis ins Museum geschafft.

und Flugzeugen wurden die früher an allen wichtigen Verbindungen liegenden Orte entlang der Küste plötzlich an den Rand gedrängt. Entvölkerung war die Folge. Daran änderten auch die vielen Brückenbauten nichts, im Gegensatz, sie beschleunigten die Landflucht von der Küste weg bis in die 1990er-Jahre hinein. Der norwegische Staat unternimmt große Anstrengungen, die kleinen Küstenorte zu stärken und versucht, der Entsiedelung gegenzusteuern.

In Rørvik sehen Touristen solch eine gezielte und bewusste Investition: Das Norwegische Zentrum für Küstenkultur Norveg wurde 2004 in Rørvik durch König Harald V. und Königin Sonja eröffnet. Der interessante Bau des isländischen Architekten Gudmundur Jonsson liegt nur wenige Meter vom Hurtigrutenkai entfernt. Trotz der späten Stunde öffnet das Museum zum Anlauf der Hurtigrutenschiffe, die seither ihre Liegezeit in Rørvik verlängert haben. Auf einem schnellen Rundgang lernt man den Unterschied zwischen Klippfisk, der vor dem Trocknen aufgeschnitten und gesalzen wird, und Stokkfisk, der an Gestellen im Wind getrocknet wird. Rørvik, das weniger als 3000 Einwohner zählt, hat durch das Küstenkulturzentrum Norveg eine enorme Aufwertung erfahren.

Brønnøysund

Abfahrt nordgehend:
Tag 4, **1.00 Uhr**
Abfahrt südgehend:
Tag 10, **17.00 Uhr**

Brønnøysund wird nordgehend meist verschlafen, aber südgehend bieten sich einige schöne Ausblicke auf die Küste. In Norwegen ist die Ortschaft hauptsächlich für das nationale Register bekannt, das hier geführt wird: Registerenheten in Brønnøysund ist

An der Küste bei Brønnøysund.

Speicher in Brønnøysund.

eine staatliche Verwaltungsstelle, bei der unter anderem alle Parteien registriert sind, alle Jäger, alle Unternehmen und alle Aquakulturen zur Fischzucht. Das nationale Konkursregister führt man ebenso in Brønnøysund wie die Gebührenzentrale für Zwangsversteigerungen. Fast jeder Norweger hat früher oder später mit dem Brønnøysundregister zu tun. Immerhin 500 Arbeitsplätze schafft dieses staatliche Amt in der Kleinstadt im südlichen Teil des Fylke Nordland.

Urlauber hingegen sind eher am Berg Torghatten interessiert. Mitten durch den Berg geht ein Loch, 160 Meter lang, 35 Meter hoch und mit einer Breite von rund 20 Metern. Vom Schiff aus lässt es sich südgehend besser erkennen als nordgehend. Die Liegezeit reicht leider nicht für einen Besuch aus. Das Loch kann durchwandert werden, wenn man zuvor etwa 100 Höhenmeter Aufstieg bewältigt. Von oben hat man einen sehr schönen Blick über die Küste und die Inselwelt vor Brønnøysund. Um die Entstehung des Lochs im Berg Torghatten spinnt sich eine Sage. So soll der Riese Hestmannen einen Pfeil durch den Berg geschossen haben. Wahrscheinlicher ist aber die wissenschaftliche These, dass Frost das Gestein herausgebrochen hat.

Autogerechtes Norwegen: Brücke bei Sandnessjøen.

Sandnessjøen

Abfahrt nordgehend:
Tag 4, **4.15 Uhr**
Abfahrt südgehend:
Tag 10, **13.00 Uhr**

Nordgehend wird der Kai von Sandnessjøen zu nachtschlafender Zeit erreicht. Südgehend aber zählt die Passage zwischen Sandnessjøen und Brønnøysund zu den schönsten. Syv Søstre, also Sieben Schwestern, heißt die Bergformation bei Sandnessjøen, bei der sieben rund 1000 Meter hohe Gipfel in gleichem Abstand zueinander aufragen. Besonders schön ist die Szenerie, wenn die Schwestern im Frühjahr oder Herbst kleine Schneemützen tragen.
Sandnessjøen selbst ist keine Schönheit, eher ein nüchternes Verwaltungszentrum. Mit 5700 Einwohnern erhielt der Ort erst 1999 den Stadtstatus. Auffällig ist die Hängebrücke, die den Botnfjord überspannt und den Hafen Sandnessjøen mit der Industriestadt Mosjøen im Inland an der E6 verbindet.

Landgang

Hurtigruten bietet südgehend einen interessanten Ausflug an, der Besucher völlig abseits des touristischen Mainstreams mit der Inselwelt der Helgelandsküste bekannt macht: Per Boot geht es von Sandnessjøen aus zur Inselgruppe Vega, wo besonders viele Seevögel anzutreffen sind. Die Inselgruppe besteht aus insgesamt rund 6500 Inseln, Schären und kleinen Holmen. Nur drei der Inseln sind ganzjährig bewohnt, darunter die

Stadtplan Sandnessjøen

Fünf der sogenannten sieben Schwestern, einer Bergkette.

namensgebende Hauptinsel Vega. Die ältesten menschlichen Siedlungen auf Vega stammen schon aus der Steinzeit, etwa aus der Zeit von vor 10000 Jahren. Seit 1911 befindet sich hier ein Vogelschutzgebiet, seit 2005 steht die Insellandschaft auch auf der Liste des UNESCO-Welterbes. Das Hurtigrutenschiff erreicht man wieder in Brønnøysund.

Die Nordnorge *am Kai von Sandnessjøen.*

Nesna

Abfahrt nordgehend:
Tag 4, **5.30 Uhr**

Abfahrt südgehend:
Tag 10, **11.15 Uhr**

Von Sandnessjøen nach Nesna ist es nur ein kleiner Hüpfer. Zwischen Nesna und Bodø liegt der schwer zugängliche Teil der Nordlandküste. Hinter Nesna beeindruckt die Fahrt durch die Inselwelt. Lovund ist eine winzige Insel, die nur aus einem über 600 Meter hohen Berg besteht, der aus dem Meer ragt.

Der folgende Abschnitt gehört zu den schönsten Revierfahrten der gesamten Strecke.

Die Midnatsol *kurz vor dem kleinen Hafen Nesna.*

TIPP

Riksveg 17

Der Teil der nordnorwegischen Küste zwischen Nesna und Bodø ist touristisch wenig erschlossen. Hier verläuft der Riksveg 17 parallel zur E6, die im Inland über die Berge führt. Während man als Urlauber von Trondheim nach Bodø auf der E6 in zwei Tagen fährt, dauert die Fahrt auf dem Rv 17 mindestens einen Tag länger. Hurtigruten ist sogar noch schneller, weil die Nacht hindurchgefahren wird. Immer wieder unterbrechen kleine lokale Fähren den Verlauf der Straße. Ihre Fahrpläne bestimmen den Takt an Land. Wer Hurtigruten wie die Norweger als Transportmittel nutzt, sollte die nordgehende Strecke an Land auf dem Rv 17 fahren und südgehend das Schiff benutzen. Zu den Höhepunkten am Rv 17 gehört in diesem Streckenabschnitt die Aussicht vom Sjonfjell bei Nesna sowie ein Abstecher in das Fischerdorf Tonnes. Wer Zeit mitbringt, sollte ein oder zwei Tage auf einer der vorgelagerten Inseln verbringen. Informationen auf Englisch finden sich unter www.kystriksveien.no

Drohender Himmel zwischen Nesna und Ørnes.

Ørnes

Abfahrt nordgehend:
Tag 4, **9.30 Uhr**
Abfahrt südgehend:
Tag 10, **7.15 Uhr**

Zwischen Nesna und Ørnes wird der Polarkreis überquert. Ob man an Bord an der Polartaufe teilnehmen möchte, ist Geschmackssache. Sie findet statt, wenn im Sommer eine große Zahl Touristen an Bord ist. Es gibt eine Kelle kaltes Wasser in den Nacken und dazu ein Diplom. Die Erfahrung zeigt, dass die Umstehenden mehr Spaß haben als die derart Getauften. Nördlich des Polarkreises bleibt die Sonne im Sommer oberhalb des Horizonts und im Winter darunter (siehe hierzu auch Abschnitt »Mitternachtssonne« auf Seite 27).

Ørnes ist einer dieser kleinen Handelsplätze entlang der norwegischen Küste, der durch einen Fischhändler und ein Gasthaus zu einem Ort heranwuchs. Ørnes liegt am Eingang des Glomfjords, der fast bis an den Gletscher Svartisen reicht. Für den etwa 1700 Einwohner zählenden Ort stellt Hurtigruten eine wichtige Verbindung dar. Immerhin muss man an Land bis zur nächsten größeren Stadt etwa 160 Kilometer fahren.

Landgang

Noch vor Ørnes wird im Sommer nordgehend ein sehr interessanter Landausflug angeboten. Ein kleines Boot geht längsseits und bringt die Passagiere in die Nähe des Gletschers Svartisen. Nach einer kurzen Wanderung wird ein Café erreicht, von wo aus man einen guten Blick auf den Gletscher hat. Nach einer kleinen Stärkung wandert man zurück zum Boot. Auf der Fahrt nach Bodø wird nach Seeadlern Ausschau gehalten. Da die Besatzung weiß, wo sich die Vögel aufhalten und sie anfüttert, ist die Wahrscheinlichkeit recht groß, einen Seeadler zu sehen. In Bodø wird das Hurtigrutenschiff wieder eingeholt.

Kleiner Imbiss während des Ausflugs zum Gletscher Svartisen.

NORWEGENS GLETSCHER

Das norwegische Festland zählt ohne Spitzbergen allein 14 Gletscher, die eine Fläche von rund 2600 Quadratkilometer bedecken. Der größte ist der Jostedalsbreen in Westnorwegen mit 487 Quadratkilometern. Er ist zugleich auch der größte Festlandsgletscher Europas. Seine Arme Nigardsbreen und Briksdalsbreen sind auch für Touristen zugänglich.

Der nächstgrößste Gletscher befindet sich im Fylke Nordland: Der Vestre Svartisen misst 221 Quadratkilometer und reicht – eine Ausnahme in Norwegen – fast bis ans Meer heran. Am Holandsfjord in der Nähe von Ørnes ist dies gut zu erkennen. Weiter im Inland, nur durch ein Tal getrennt, liegt der Østre Svartisen, der 148 Quadratkilometer umfasst. Von der Größe her liegt zwischen den beiden Svartisen-Feldern noch der Folgefonn (214 Quadratkilometer) oberhalb des Hardangerfjords in Westnorwegen.

Zu den ganz besonderen Erlebnissen eines Norwegenurlaubs gehört eine Gletscherwanderung. Man sollte jedoch niemals ohne erfahrenen Guide einen Gletscher betreten! An vielen Orten werden professionell geführte Gletscherwanderungen angeboten. So gibt es z. B. im Sommer (etwa Ende Juni bis Ende August) am Svartisen vierstündige Wanderungen. Passende Schuhe werden gestellt, warme Kleidung, Sonnenbrille und Sonnencreme sollte man unbedingt selbst mitbringen. Als Teilnehmer einer Hurtigrutenrundreise hat man am Svartisen keine Gelegenheit zu einer Gletscherwanderung, nur zu einem Ausflug in Sichtweite des Gletschers (siehe oben). Eine Möglichkeit dazu wäre aber vor oder im Anschluss an die Schiffsreise eine Gletscherwanderung in Westnorwegen am Jostedalsbreen oder auf dem Folgefonn. Dazu muss man Zeit in Bergen oder am Sognefjord einplanen.

Bodø

Bodø ist eine sehr sachliche Stadt ohne optische Höhepunkte. Die Bombardierung im Zweiten Weltkrieg hat vom alten Bodø nichts übrig gelassen. Bodø gehört zu den drei norwegischen Städten, die es am schlimmsten getroffen hatte. Aber schon der Anfang war schwer: Die Bergenser Kaufleute versuchten mit allen Mitteln, die 1816 erfolgte Gründung Bodøs zu verhindern, weil sie um ihre Handelsprivilegien mit Fisch von den Lofoten fürchteten. Erst mit den großen Heringsschwärmen, die um 1864 an der nordnorwegischen Küste auftauchten, blühte Bodø richtig auf.

Hier befindet sich einer der größten Flughäfen Nordnorwegens, der auch militärisch durch die NATO stark genutzt wird. Während des Kalten Kriegs wurde Bodø Standort für das Luftfahrtskommando Nordnorwegen. In der berühmten U-2-Affäre von 1960, bei der ein amerikanisches Spionageflugzeug über der Sowjetunion abgeschossen wurde, spielte Bodø eine Rolle. Chruschtschow drohte mit dem Abwurf einer Atombombe über Bodø, als er erfuhr, dass das

Stadtplan Bodø

Die Nordnorge *beim Einlaufen nach Bodø.*

abgeschossene Spionageflugzeug in Nordnorwegen hätte landen sollen. Erst später erfuhren die Norweger, dass 1958 zwei der Spionageflugzeuge zur Überwachung der Barentssee in Bodø stationiert waren. Eines der legendären U-2-Flugzeuge findet man heute im Norwegischen Luftfahrtsmuseum in Bodø.

Die Liegezeit auf nordgehendem Kurs nutzt man in Bodø am besten zu einem Ausflug zum Gezeitenstrom Saltstraumen. Die Innenstadt ist zwar zu Fuß zu erreichen, aber lohnt den Besuch nur, wenn man Besorgungen zu erledigen hat. Es gibt einen kleinen Hafen für Freizeitboote, bei Sonnenschein lockt ein Spaziergang hinaus auf die Mole.

Landgang

Von April bis Oktober kann man den Saltstraumen besuchen, den stärks-

ten Gezeitenstrom der Welt. Durch einen 150 Meter breiten Sund pressen sich bei auf- und ablaufendem Wasser die Wassermassen. Dabei entsteht durch den engen Durchlass ein so hoher Druck, dass Wassergeschwindigkeiten von bis zu 40 Stundenkilometern erreicht werden. Der Höhenunterschied der Wasseroberfläche zwischen dem Meer und dem Inneren des Fjords kann bis zu 1 Meter betragen.

Von der Brücke über den Saltstraumen ist das brausende Schauspiel gut zu erkennen. Vorsicht an den Ufern: Nicht ohne Grund sind alle paar Meter Rettungsringe angebracht. Beim Hurtigrutenausflug wird der Saltstraumen mit stabilen Schlauchbooten befahren, die mit starken Außenbordern versehen sind.

Kleine Inseln und Holme an der Nordlandküste.

N
Harstad
Svolvær
Norwegen
NOR
Langøya
Stokmark
Lofoten
Trollfjord
Vestvågøy
Wikingermuseum
Borg
Svolvær
Flakstadøy
Leknes
Vågan
Henningsvær
Stamsund
Reine
Å
Moskenesøya
Værøya
Bodø

WEGISCHE
SEE
Andenes
Andøya
Risøyhamn
Harstad
Sortland
Tjeldsund
nes
Hadsel
Raftsund
Tjeldøya
Narvik
Austvågøy
NORWEGEN
SCHWEDEN

Lofoten und Vesterålen

Die Inselgruppe der Lofoten und Vesterålen ist so etwas wie die Heimat von Hurtigruten. In Stokmarknes auf den Vesterålen wurde die Idee einer schnellen Verbindung in den Süden geboren, um Waren, vor allem Fisch, schneller an die großen Umschlagplätze in den Süden zu bringen. Man wollte die Dinge selbst in die Hand nehmen, statt von den großen Reedereien in Bergen und Trondheim abhängig zu sein.

Die Lofoten sind auf der etwa vierstündigen Passage von Bodø über den breiten Vestfjord nach Stamsund schon von Weitem zu erkennen. Wie eine Wand ragen sie aus dem Meer, zackig wie Stein gewordene Blitze, die von Götterhand ins Meer geworfen wurden. Zwischen 700 und 1000 Meter sind die steilen Berge hoch und aus der Entfernung mag man kaum glauben, dass am Fuß der Berge noch Platz für Siedlungen sein

kann. Erst spät sind Häuser zu sehen, die Ortschaften verstecken sich in natürlichen Häfen, kleinen Buchten und hinter vorgelagerten Inseln.

Es ist eine dramatische Kulisse, die hier auf die Hurtigrutengäste wartet. Dass die Lofoten und Vesterålen seit weit über 1000 Jahren besiedelt sind, hat mit der Lofotfischerei zu tun, dem größten Saisonfischfang Europas. Dank des warmen Golfstroms ziehen Dorsche in großer Zahl zwischen Januar und März entlang der Lofoten. Tausende von Fischerbooten kamen früher aus ganz Norwegen zum Fischfang. Die Fangzahlen sind gesunken, doch noch immer ist die Lofotfischerei ein wichtiger Erwerbszweig für die Inselbewohner.

Die Unterkünfte für die Fischer, sogenannte Rorbuer, wurden auf Stelzen an das felsige Ufer gebaut. Sie dienen heute im Sommer Touristen als Unterkunft. Viele haben längst einen gehobenen Standard, verfügen über ein eigenes Bad und großzügige Wohnräume mit Blick auf das

Auch auf den Lofoten gibt es weiße Sandstrände.

Auf hölzernen Trockengestellen wird aus Dorsch Stockfisch.

Wasser. Der Tourismus ist für die Bewohner der Lofoten im Sommer zu einer wichtigen Einnahmequelle geworden. Aber der Sommer ist kurz, die Zahl der Unterkünfte knapp und die Nachfrage hoch. Deshalb sind die Preise auf den Lofoten höher als auf dem Festland.

Stamsund

Abfahrt nordgehend:
Tag 4, **19.30 Uhr**
Abfahrt südgehend:
Tag 9, **22.30 Uhr**

Stamsund ist vom Wasser aus nicht zu erkennen. Erst wenn das Schiff in eine kleine Bucht einbiegt, taucht der Anleger mit der Lagerhalle auf. Der Ort steht ganz im Zeichen des Fischfangs, drei Fischverarbeiter sind in dem 1000-Seelen-Dorf ansässig. Die touristische Infrastruktur beschränkt sich auf zwei Rorbu-Anlagen und ein gutes Restaurant, das sich in einem ehemaligen Hafenspeicher befindet.

Landgang

Die Wikinger hatten auf den Lofoten eine größere Siedlung bei der Ortschaft Borg angelegt. Archäologen haben die Überreste eines Langhauses ausgegraben und anschließend in Originalgröße am ursprünglichen Platz rekonstruiert.

Dieses Wikingerhaus, aufgrund seiner Größe vermutlich ein Häuptlingssitz, beherbergt nun das Museum Lofotr.

Es gibt nur wenige Orte in Nordeuropa, wo sich die Wikingerkultur so anschaulich erleben lässt. Eigentlich passen die Öffnungszeiten des Museums nicht zu den Anlaufzeiten von Hurtigruten. Doch wenn auf der nordgehenden Tour eine kleine Gruppe zusammenkommt, öffnet Lofotr für die Hurtigrutengäste die Tür zum Wikingerhaus. Dort wird ein Wikingermahl serviert, zu dem hausgemachter Met gereicht wird. Der Bus bringt die Gäste dann zurück nach Svolvær zum Schiff. Auch für Individualreisende ein Tipp!

Das Dorf Henningsvær ist einen Ausflug wert.

Svolvær

Aufenthalt nordgehend:
Tag 4, **21.00 bis 22.00 Uhr**
Aufenthalt südgehend:
Tag 9, **18.30 bis 20.30 Uhr**

Svolvær ist mit über 4000 Einwohnern die größte Stadt der Lofoten. Hier gibt es einen kleinen Flughafen mit Regionalflügen nach Bodø, einen Hafen mit einer Fährverbindung nach Skutvik am Festland sowie Buslinien, die von den Lofoten über die 2007 eingeweihte neue E10 nach Harstad und weiter zum Festland fahren. Svolvær ist ein wichtiges Regionalzentrum mit Behörden, Werkstätten, Einkaufsmöglichkeiten und allem, was die Inselwelt zum Leben braucht.

Am Hafen in unmittelbarer Nähe des Hurtigrutenanlegers haben sich die ehemaligen Speicher herausgeputzt. Immer mehr Cafés und Restaurants sind entstanden, sodass hier im Sommer ein lebhaftes Treiben herrscht. Besucher aus aller Welt kommen nach Svolvær, weil hier die Hotelkapazität auf der Insel am größten ist.

Landgang

1 Stunde liegt das Schiff nordgehend in Svolvær, südgehend sogar 2 Stunden. Das reicht allemal für einen abendlichen Spaziergang entlang der Hafenmeile und ein Bier in einer der zahlreichen Kneipen. Natürlich stehen hier im Sommer Tische und Stühle draußen, das gehört in Norwegen dazu. Schließlich müssen die Raucher auch irgendwo sein dürfen. Hier kann man mit Blick auf den Hafen die langen Sommerabende genießen.

Hurtigruten bietet südgehend zudem eine Busfahrt über die Inseln bis nach Stamsund an. Dabei wird das Fischerdorf Henningsvær besucht, in dem sich zahlreiche Künstler niedergelassen haben. Zugestiegen wird wieder in Stamsund.

Eine Alternative ist auf der südgehenden Route die Seeadlersafari. Dazu werden die Gäste im Trollfjord vor Svolvær ausgetendert und folgen dem Hurtigrutenschiff in einem Ausflugsboot. Für Svolvær bleibt bei diesen beiden Landausflügen aber keine Zeit.

Stadtplan Svolvær

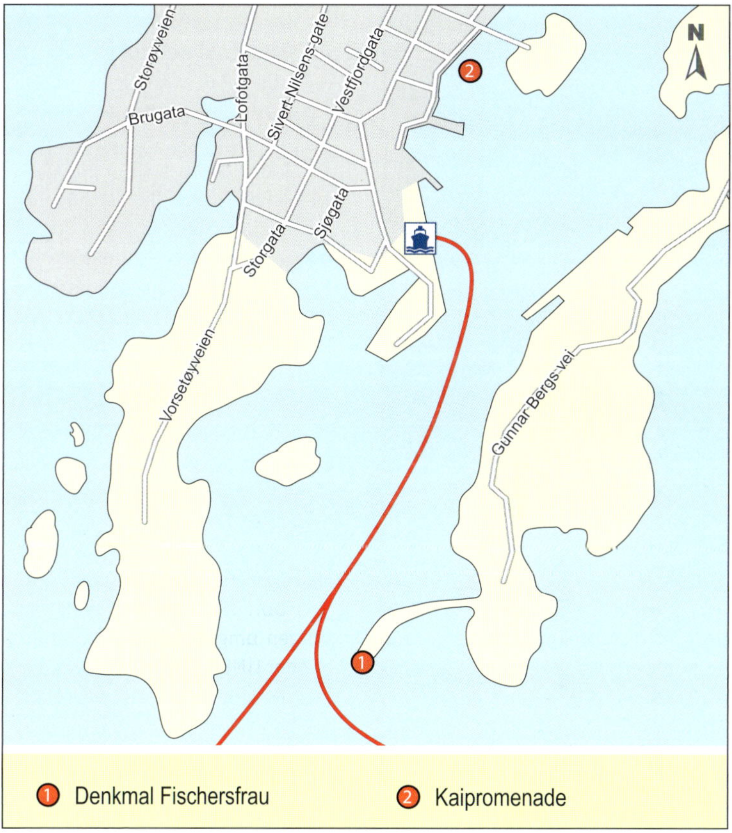

1 Denkmal Fischersfrau   2 Kaipromenade

Die Lofoten *dreht zum Auslaufen im Hafen von Svolvær.*

Speicherhäuser auf den Lofoten.

Sehenswert

Zwischen Svolvær und Stokmarknes passiert das Hurtigrutenschiff den schmalen Raftsund, der rund 20 Kilometer lang ist. Vom Raftsund wird, wenn das Wetter es zulässt, ein Abstecher in den kleinen Trollfjord gemacht, der bei Urlaubern enorm

TIPP

Aufenthalt auf den Lofoten

Auf einer Reise mit Hurtigruten sieht man sehr viel von Norwegen. Es gibt aber ein paar Orte, an denen man sich mehr Zeit wünschen würde. Die Lofoten gehören eindeutig dazu. Wer keine halbe oder ganze Rundreise als Pauschalreise bucht, sondern die Schiffe wie die Norweger streckenweise als reines Transportmittel nutzt, sollte für die Lofoten mindesten zwei bis drei Tage einplanen. Dann bleibt Zeit für einen Besuch der südlichsten Insel Moskenesøya, wo die Straße im Fischerdorf Å endet. Weiter in die verlassenen Dörfer Refsvik und Hell geht es nur noch per Boot. Das Dorf Reine liegt von hohen Bergen umgeben, Nusfjord steht auf der UNESCO-Liste des Welterbes. Es gibt so viel zu entdecken auf den Lofoten!

Die schöne Passage durch den Raftsund erfolgt südgehend tagsüber.

beliebt ist. Zwar kann man den Trollfjord nicht mit den großen Fjorden in Westnorwegen vergleichen, jedoch verleihen die enge Durchfahrt und der wenige Platz, den das Schiff am Fjordende zum Wenden hat, dem Ganzen seinen ganz eigenen Reiz.

Dank moderner Seitenstrahlruder ist dies heute alles kein Problem mehr. Nordgehend findet der Abstecher um Mitternacht statt, südgehend geht es am Nachmittag in den Trollfjord. Aber auch ohne den Trollfjord ist die Fahrt durch den Raftsund sehenswert.

Ein Spektakel für Touristen: Abstecher in den engen Trollfjord.

STOCKFISCH FÜR ITALIEN

Stockfisch ist seit Jahrhunderten der Exportschlager der Lofoten. Große Gerüste sind von Svolvær auf Austvågøy bis nach Å auf Moskenesøya nah am Ufer zu sehen, traditionell aus Holz gebaut. Da Salz wertvoll und schwer zu bekommen war, wurde die Trocknung schon früh als preiswerte und effektive Methode zur Konservierung eingesetzt.

Den Dorschen wird der Kopf entfernt, dann werden sie zu zweit an den Schwänzen zusammengebunden und über das Gestell gehängt. Dicht an dicht baumeln die Fischleiber an den Gestellen, bis alle Reihen geschlossen sind. Das sieht dann aus der Ferne aus, als hätten die Gestelle ein Dach bekommen. Wer sich wundert, warum die Möwen den toten Fisch in Ruhe lassen, muss nur einmal nah genug hingehen: Meistens findet sich irgendwo eine tote Möwe zwischen den Fischen. Und schon machen die anderen Möwen einen weiten Bogen um den trocknenden Dorsch.

Wichtig ist bei der Trocknung die richtige Temperatur. Knapp über o Grad und etwas Schnee sind optimal. Bei zu starkem Frost reißt das Gewebe, ist es zu warm, könnten Insekten an den Fisch gehen. Auf den Lofoten ist das Klima im Winter optimal für Trockenfisch. Die meiste Arbeit verrichtet der Wind: Drei Monate bleibt der Fisch hängen und trocknet langsam an der Luft aus. Dabei verliert er rund 70 Prozent Wasser. Während dieser Zeit hängt eine Dunstglocke über den Inseln, die an windstillen Tagen eine »geduldige« Nase erfordert. Glücklicherweise weht fast immer eine frische Brise.

Die Ausfahrt von Stokmarknes führt unter der Brücke hindurch.

Durch den Entzug der Feuchtigkeit wird der Stockfisch sehr hart. Sich ein Stück mit den Fingern herauszubrechen, ist kaum möglich. »Nordnorwegischer Kaugummi« nennen die Südnorweger den von ihnen wenig geliebten Stockfisch abschätzig. Aber es gibt andere, für die der getrocknete Dorsch geradezu eine Delikatesse ist. In katholischen Ländern spielt er in der Fastenzeit eine große Rolle. Und so ist es kein Wunder, dass den italienischen Aufkäufern die roten Teppiche ausgerollt werden, wenn sie auf die Lofoten kommen. Wer auf den Lofoten mit »Stoccafisso« handelt, muss Italienisch lernen, das ist Pflichtfach für einen Fischverkäufer.

Nach Italien werden die besten Fische verkauft, selbst die Bezeichnungen sind traditionell italienisch: Ragno, Westre Magro und Grand Premier heißen die besten Qualitäten für den norditalienischen Markt.

Hollandese (Holländer) und Bremese (Bremer) gehen vornehmlich nach Süditalien. Weitere wichtige Absatzmärkte sind die USA, Portugal und einige afrikanische Länder, z. B. Nigeria. Stockfisch hat einen hohen Nährwert, 1 Kilogramm getrockneter Dorsch entspricht etwa 5 Kilogramm Lebendfisch.

Zubereitet wird Stockfisch auf sehr unterschiedliche Arten, eines ist aber klar: Zuerst muss er gewässert werden, damit man den steifen Dorsch überhaupt mit einem Messer zerteilen kann. Wer in Mailand oder Lissabon ein Fischrestaurant aufsucht, findet bestimmt Bacalau, wie Stockfisch auch heißt, auf der Karte.

Auf den Lofoten sucht man ihn hingegen meistens vergeblich auf den Speisekarten. Die Einheimischen essen den Dorsch lieber frisch, und zwar gekocht. Mit Salzkartoffeln und Rogen – pur sozusagen.

Stokmarknes

Abfahrt nordgehend:
Tag 5, **1.15 Uhr**
Abfahrt südgehend:
Tag 9, **15.15 Uhr**

Stokmarknes ist die Heimat der Reederei Vesteraalens Dampskibsselskab (VDS), hier befindet sich die Keimzelle von Hurtigruten. Am 2. Juli 1893 nahm das erste Schiff der Reederei aus Stokmarknes die Fahrt auf, es fuhr von Trondheim bis nach Hammerfest und zurück. Die Reederei um Kapitän Richard With hatte bei der ersten Ausschreibung des norwegischen Staats den Zuschlag erhalten. 1894 konnten sich die großen Reedereien, Det Bergenske Damp-

skibsselskab und Det Nordenfjeldske Dampskibsselskab, den zweiten Hurtigrutenvertrag sichern. VDS beteiligte sich auch zu den besten Zeiten von Hurtigruten nie mit mehr als drei Schiffen, weil das Kapital fehlte.

Sehenswertes

Stokmarknes ist genau der richtige Ort für ein Museum über die Geschichte von Hurtigruten. Im Hurtigrutenhaus nahe dem Kai kann man während der Liegezeit auf der südgehenden Route die Ausstellung besuchen. An Land liegt die *Finnmarken* von 1956, die bei Blohm & Voss in Hamburg gebaut wurde und die ein Schwesterschiff der noch fahrbereiten *Nordstjernen* ist. Das Museum

Die Finnmarken *von 1956 liegt in Stokmarknes als Museumsschiff.*

gehört nicht der Reederei, sondern wird von einem Verein betrieben. Dem ist der Erhalt des Museumsschiffs oft schwergefallen. Der Zahn der Zeit nagt leider an der guten, alten *Finnmarken*.

Achtung! Die Liegezeit in Stokmarknes ist eher kurz, daher unbedingt auf die Zeit achten.

Sortland

Abfahrt nordgehend:
Tag 5, **3.00 Uhr**
Abfahrt südgehend:
Tag 9, **13.00 Uhr**

Sortland liegt in der Mitte der Inselgruppe der Vesterålen. Da hier die Brücke hinüber in Richtung Festland

Die Lofoten *fährt durch die Risøyrinne nach Sortland.*

führt, ist der Verkehrsknotenpunkt in den vergangenen Jahren weiter gewachsen. Übrigens ist Sortland der einzige Ort auf den Vesterålen, dessen Bevölkerung wächst. Knapp 10 000 Menschen leben in der Gemeinde Sortland, die allerdings größer ist als der Ort rund um den Hurtigrutenanleger. Die Liegezeit ist zu kurz, um sich mehr als die Füße zu vertreten. Da das Schiff am Frachtkai liegt, gibt es an Land auch nicht viel zu sehen.

Risøyhamn

Abfahrt nordgehend:
Tag 5, **4.30 Uhr**
Abfahrt südgehend:
Tag 9, **11.00 Uhr**

Richard With, der Mitbegründer von Hurtigruten, stammt aus Risøyhamn. Der Anschluss der Vesterålen an Hurtigruten war With ein besonderes Bedürfnis. In den Anfangsjahren fuhren die Schiffe nämlich durch den weiter südlich gelegenen Tjeldsund von den Lofoten weiter nach Harstad. Erst seit dem Vertiefen der Risøyrinne 1922, die With als Abgeordneter im Storting angeregt hatte, konnten die Schiffe die bis heute übliche Route über Sortland und Risøyhamn nach Harstad nehmen.

Risøyhamn liegt im Süden der Insel Andøya, an ihrem äußersten nordwestlichen Ende findet sich Andenes. Dazwischen trifft man auf rund 100 Kilometer Heidelandschaft, Moore und einen hohen Bergzug: Andøya ist eine große Insel. Andenes verdankt seine Entstehung der Nähe zu den guten Fischgründen im Atlantik rund um die Lofoten und Vesterålen. Doch nicht nur die Fischerei spielte hier immer eine wichtige Rolle, sondern auch der Küstenwalfang. Heute wird in Andenes Weltraumforschung betrieben. Für Touristen werden im Sommer Walsafaris angeboten. Auf Andøya wachsen viele wilde Moltebeeren, die man hier auch das »Gold von Andøya« nennt. Während die Ostseite der Insel an manchen Stellen geradezu lieblich wirkt, gibt sich die zum offenen Meer gewandte Westseite schroff und rau.

Die Vesterålen sind nicht ganz so dramatisch wie die Lofoten.

Stadtplan Harstad

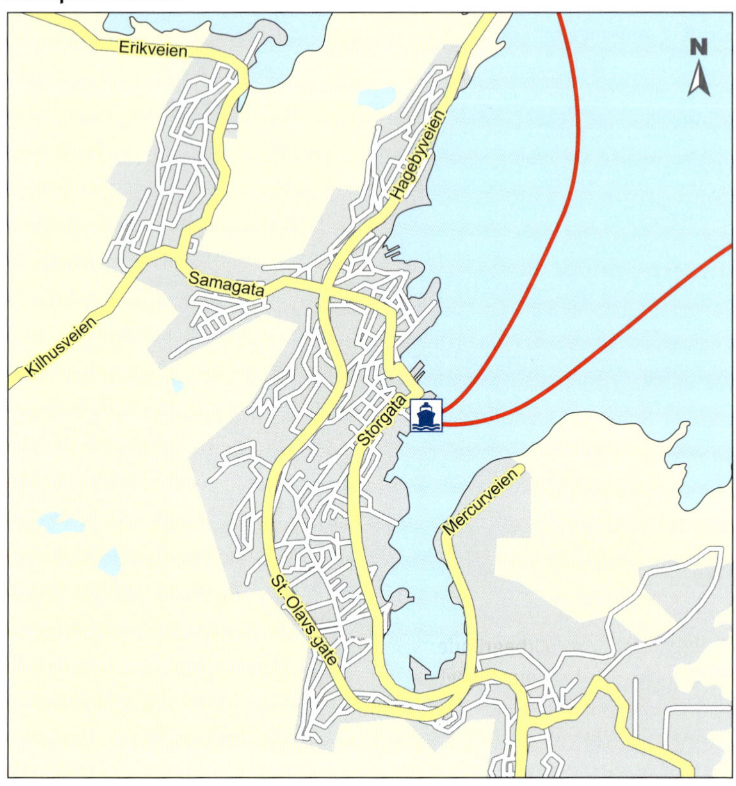

Harstad

Aufenthalt nordgehend:
Tag 5, **6.45 bis 8.00 Uhr**

Aufenthalt südgehend:
Tag 9, **8.00 bis 8.30 Uhr**

Harstad gehört geografisch und verwaltungstechnisch schon nicht mehr zu den Vesterålen, sondern bereits zum Fylke Troms. Aber durch seine Lage auf der Insel Hinnøya ist die fast 20 000 Einwohner zählende Stadt den Lofoten und Vesterålen doch stark verbunden. Der schmale Tjeldsund, der Hinnøya und das Festland voneinander trennt, wird seit 1967 von einer Brücke überspannt.

Als einer der Stadtväter gilt Rikard Kaarbø, der in Harstad 1895 eine Werft gründete. Bei Kaarbø Mekaniske Verksted wurde 1983 die bis heute im Betrieb befindliche *Vesterålen* gebaut. Sie ist damit das einzige Schiff von Hurtigruten, das aus Nordnorwegen stammt.

Harstad ist mit 20 000 Einwohnern die drittgrößte Stadt Nordnorwegens.

DEN WALEN SO NAH

Von Andenes fährt man nur etwa 1 Stunde mit dem Schiff bis zum unterseeischen Rand des Festlandsockels, wo die tiefe See beginnt. Nirgendwo in Europa tauchen die Blau- und Zwergwale so nah der Küste auf. Manchmal sind auch die selteneren Finn- und Pottwale zu sehen. Da bot es sich an, von hier aus Schiffstouren mit interessierten Touristen durchzuführen. Seit 1989 gibt es die Walsafaris vor Andenes. Sie dauern 3 bis 4 Stunden und werden in der Saison mit zwei verschiedenen Schiffen durchgeführt. Die Wahrscheinlichkeit, einen oder mehrere Wale zu sehen, ist hier sehr hoch. Biologen begleiten die Ausfahrten und erklären das Gesehene mehrsprachig. An Land gibt es ein Walzentrum mit einer Ausstellung. Auch Forscher arbeiten im Walzentrum von Andenes.

Am Anfang der Walsafaris stand das Walfangmoratorium der Internationalen Walfangkommission (IWC) von 1986, das nur noch eine kleine Fangquote für wissenschaftliche Zwecke erlaubte. Die nordnorwegischen Walfänger protestierten, denn sie sahen ihre Lebensgrundlage gefährdet – und fühlten sich im Recht. Sie haben immer den Unterschied zwischen dem Raubbau betreibenden industriellen Walfang und dem Küstenwalfang mit kleinen Schiffen betont, wie er vor den Lofoten und Vesterålen üblich war. Das Wissen der Walfänger machten sich die Organisatoren der Walsafaris zunutze. 1988 gab es erste Testfahrten, damals noch mit einem ausrangierten Walfangschiff, das vorn weiterhin seine Harpune trug. 1989 fing man mit ein paar Hundert Gästen den regulären Betrieb während der Sommermonate an. Inzwischen nehmen jedes Jahr rund 15 000 Touristen die Möglichkeit wahr, Wale zu beobachten.

Die Walsafari bei Andenes ist ein Grund mehr, den Lofoten und Vesterålen einen längeren Besuch abzustatten. Informationen finden sich unter www.whalesafari.no

N
Honningsvåg
Hammerfest
Vardø
Tromsø
Kirkenes
Norwegen
Hammerfest
Skjervøy
Øksfjord
Alta
Tromsø
Senja
Finnsnes
Kautokeino
N O R W
Harstad

BARENTS SEE
Nordkap
Havøysund
Honningsvåg
Mehamn
Kjøllefjord
Gamvik
Berlevåg
Båtsfjord
Varanger Halbinsel
Vardø
Vadsø
Kirkenes
EGEN
Karasjok
Pasvik Nationalpark
RUSSLAND
FINNLAND

Troms und Finnmark

Von Harstad, der westlichsten Stadt des Regierungsbezirks Troms, bis nach Kirkenes, der östlichsten Stadt des Regierungsbezirks Finnmark, sind es auf der Straße rund 1000 Kilometer, mehr als von Passau nach Flensburg. In diese beiden Fylke passt Deutschland somit einmal quer hinein. Gemeinhin denkt man bei Norwegen nur an die Nord-Süd-Ausdehnung, aber dass dieses lang gezogene Land auch enorme Distanzen in der Ost-West-Ausdehnung hat, wird einem erst bewusst, wenn man Norwegen selbst bereist.

Das Fylke Troms rückt in der öffentlichen Wahrnehmung ein wenig in den Hintergrund, weil seine Hauptstadt Tromsø alles überstrahlt. Das ist schade, denn mit der wunderbaren Insel Senja und der Lyngen-Halbinsel verfügt Troms über zwei höchst interessante Gebiete, die von Touristen bislang nur in geringem Umfang entdeckt worden sind.

Ähnlich ergeht es dem Regierungsbezirk Finnmark mit seiner Hauptstadt Vadsø. Das gesamte Fylke steht – aus Sicht der Urlauber – ganz im Zeichen des Nordkaps.

Wer sich aber nur für das Nordkap interessiert, wird die Region nicht verstehen. Wie hier im äußersten Norden am Rand der Barentssee gelebt wird, kann man in den Dörfern entdecken, die von Hurtigruten zwischen Kjøllefjord und Kirkenes angelaufen werden. Eine einsame, raue Küste mit unglaublichen Distanzen zwischen den Dörfern, die sich bis zur russischen Grenze zieht: Finnmark ist viel mehr als nur das Nordkap.

An der Küste südlich von Tromsø.

Finnsnes kurz bevor ein Regenschauer den Ort erreicht.

Finnsnes

Abfahrt nordgehend:
Tag 5, **11.45 Uhr**
Abfahrt südgehend:
Tag 9, **4.45 Uhr**

Finnsnes ist das Tor zur Insel Senja, die über eine Brücke zu erreichen ist. Damit bildet Finnsnes das Unterzentrum der Region. Mit über 4000 Einwohnern ist der Ort fast so groß wie Sandnessjøen weiter südlich. Die Insel streckt ihre Halbinseln wie Finger ins Nordmeer. Hurtigruten fährt auf der anderen Seite von Senja durch den Solbergfjord und den Gisund, sodass die Passage geschützt hinter der Insel verläuft. So sieht man nicht die hohen Felsen zum Meer hin, sondern überwiegend die fruchtbare Ebene im Süden und Osten Senjas. Senja ist die zweitgrößte Insel Norwegens, auf ihr liegt der 1975 eingerichtete Nationalpark Ånderdalen. Birken- und Kieferwälder wechseln mit schroffen Granitflächen, die Pflanzen wenig Halt bieten.

Die Liegezeit in Finnsnes ist kurz, vom Ort sieht man also wenig. Im Unterschied zu den meisten anderen Kaianlagen, auf denen nur eine Lagerhalle steht, verfügt Finnsnes über ein neues, schön gemachtes Hurtigrutenterminal mit Warteraum. Es dient auch den Fernbussen als Haltepunkt.

Hundeschlittentour beim Landgang.

Rentiere können auch Schlitten ziehen.

Landgang

Von November bis Mitte März bietet Hurtigruten einen aufwendigen Landausflug an. Von Finnsnes aus fährt man etwa 90 Minuten ins Inland in Richtung Dividalen-Nationalpark und schwedische Grenze. Im Tal Tamokdal wird das Camp erreicht, wo die Gäste zwischen zwei Aktivitäten wählen können. Entweder fährt man Rentierschlitten und Hundeschlitten oder man lässt sich vom Rentier ziehen und macht außerdem eine Snowmobilsafari. Im Unterschied zur Küste ist die Schneesicherheit hier im Inland recht hoch. Der Transfer zurück zum Schiff führt nach Tromsø, das zum Ablegen um 18.30 Uhr erreicht wird. Von den 6,5 Stunden, die für diesen Landausflug zur Verfügung stehen, dauert der Transfer von und zum Schiff etwa 3 Stunden. Für die Aktivitäten ist eine gute Kondition erforderlich, denn man wird nicht nur gefahren, sondern muss auch selbst aktiv werden.

Tromsø

Aufenthalt nordgehend:
Tag 5, **14.30 bis 18.30 Uhr**
Aufenthalt südgehend:
Tag 8/9, **23.45 bis 1.30 Uhr**

Das Tor zum Polarmeer, das Paris des Nordens: Tromsø schmücken viele Beinamen. Mit knapp 60 000 Einwohnern ist Tromsø die größte Stadt Nordnorwegens und weltweit eine der wenigen größeren Städte nördlich des Polarkreises. Oder, wie man in Tromsø gern sagt, die letzte Großstadt vor dem Nordpol. Tromsø liebt die Superlative: die nördlichste Universität der Welt, die nördlichste Brauerei der Welt – alles ist hier das nördlichste der Welt.
Aber auch in Norwegen hat die Universitätsstadt einen Ruf zu behaupten: Mit Stavanger streitet man sich seit Jahren darum, wer mehr Restaurantstühle pro Kopf aufweisen kann und wer das beste Nachtleben hat. Zumindest im Sommer ist Tromsø

Stadtplan Tromsø

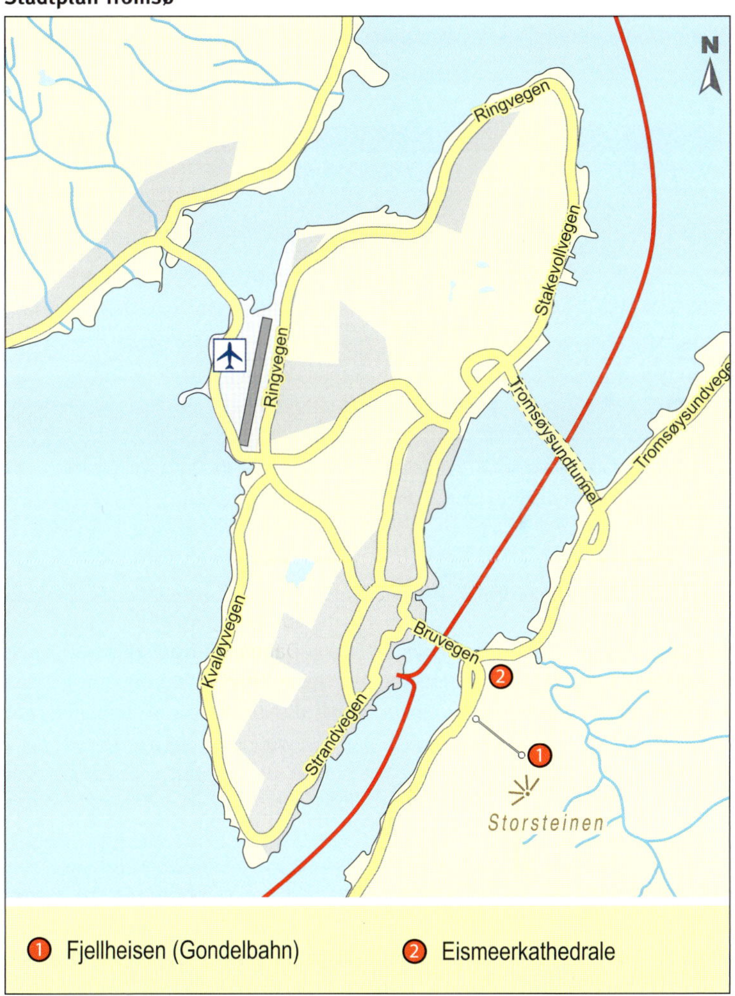

1 Fjellheisen (Gondelbahn)   2 Eismeerkathedrale

beim Nachtleben ganz vorn mit dabei, es wird ja nicht dunkel. Tromsø ist eine lebhafte Stadt mit einem richtigen Zentrum, eine Stadt, deren Puls auch für Besucher fühlbar ist. Der norwegische Dichter und Literaturnobelpreisträger Bjørnstjerne Bjørnson (1832 bis 1910) schrieb schon im 19. Jahrhundert an seine Frau: »Hier gibt es nur Champagner und Spektakel.« Die Hurtigrutenschiffe legen im Zentrum an, mit wenigen Schritten ist man in der Fußgängerzone. 4 Stunden Liegezeit bieten auf der nordgehenden Route Raum für eine ausführliche Entdeckung der Stadt, ob per organisiertem Landausflug oder auf eigene Faust. Südgehend sind es nachts knapp 2 Stunden, aber wenn es im Sommer nicht dunkel wird, spielt die Uhrzeit für einen Spaziergang keine Rolle.

Tromsø ist über eine Brücke mit dem Festland verbunden.

Historie

Eine Besiedlung ist bereits aus der Steinzeit nachweisbar. In den Isländersagas finden sich ebenfalls Hinweise, dass es in der Region Siedlungen gab. 1252 wurde die erste Kirche gebaut, Reste einer wahrscheinlich spätmittelalterlichen Festung sind erhalten. Rund um die Kirche entstand ein Kirchdorf, ähnlich wie die samischen Kirchdörfer, die sich in Schweden noch finden. Sie waren nicht ständig bewohnt, man traf sich mehrmals im Jahr zum Kirchgang; dann wurden die kleinen Häuser und Hütten benutzt.

Die genaue Grenzziehung im hohen Norden zwischen den dänisch-norwegischen Herrschern, den Schweden und den Russen blieb über mehrere Jahrhunderte ungeklärt. Im 14. Jahrhundert stieß Tromsø an das russische Einflussgebiet, war also eine Art Grenzposten. 1789 fielen die Handelsprivilegien der Stadt Bergen, sodass nun auch der Norden Norwegens Handel, mit wem er wollte, trei-

ben durfte. Damit wurde der Grundstein für die weitere Entwicklung Tromsøs gelegt. König Christian VII. von Dänemark-Norwegen wünschte eine Stadtgründung im Norden und die Wahl fiel auf das seinerzeit 80 Einwohner zählende Tromsø. 1794 wurde die Urkunde unterzeichnet, die der kleinen Siedlung Tromsø Stadtprivilegien einräumte.

In den napoleonischen Kriegen wurde die dänisch-norwegische Garnison in Tromsø 1812 von englischen Truppen angegriffen, konnte den Angriff aber abwehren. In die Weltpresse schaffte es Tromsø durch die Polarexpeditionen von Fridtjof Nansen und Roald Amundsen. Häufig war Tromsø der Anfangs- oder Endpunkt der Nordpolexpeditionen. Im Zweiten Weltkrieg blieb Tromsø im Gegensatz zu Bodø von größeren Schäden verschont. Viele Flüchtlinge aus der Finnmark suchen Schutz in der Stadt. Eine neue, positive Entwicklung begann in den 1960er-Jahren. 1964 wurde der Flugplatz eröffnet, 1968

Stadtplan Tromsø (Detailansicht)

1 Polarmuseum 3 Eismeerkathedrale
2 Schanze 4 Amundsen Denkmal

bekam Tromsø seine Universität. Seit 1964 hat sich die Einwohnerzahl verdoppelt. Die Insel, auf der Tromsø liegt, wurde über Brücken ans Festland angebunden. Es gab in der Geschichte Tromsøs keineswegs immer Champagner, aber heute ist Tromsø unbestritten die Metropole Nordnorwegens.

Sehenswertes

Am bekanntesten ist Tromsdalens Kirke, jedoch nicht unter diesem Na-men. Im Volksmund heißt die 1965 erbaute Kirche Eismeerkathedrale. Sie liegt im Ortsteil Tromsdalen auf dem anderen Ufer. Über die Brücke ist sie in etwa 25 Minuten zu Fuß zu erreichen. Man kann aber auch den Bus oder ein Taxi nehmen. Zehn Minuten weiter ist es zur Talstation der Kabinenbahn Fjellheisen, die Besucher auf den 420 Meter hohen Berg Storsteinen bringt. Hier oben gibt es nicht nur eine Cafeteria, sondern auch ein ausgedehntes Wanderge-

Die Eismeerkathedrale heißt offiziell Tromsdalens Kirke.

biet auf der Hochebene. Der Blick reicht weit über Tromsø bis auf die Berge der Insel Kvaløya. In der Zeit der Mitternachtssonne verkehrt die Gondelbahn von Mai bis August bis 1 Uhr nachts. Vorsicht: Wer auf die (bei Sonnenschein an sich großartige) Idee kommt, beim mitternächtlichen Anlauf südgehend noch mal schnell auf den Storsteinen fahren zu wollen, sollte sich unbedingt an der Talstation das Taxi für die Rückfahrt vorbestellen, damit das Schiff nicht verpasst wird!

Tromsøs Rolle in der Geschichte der Polarexpeditionen beleuchtet das Polarmuseum im Zentrum. Das Museum wirkt ein wenig angestaubt, die

Das Polarmuseum zeigt Exponate von Amundsens Expeditionen.

An der Küste nördlich von Tromsø.

sonst im Norden so oft lobenswerte Museumspädagogik hat das Polarmuseum noch nicht erreicht. Trotzdem ist es spannend, Exponate von Amundsens und Nansens Reisen zu sehen.

Landgang

In Tromsø hat man als Passagier von Hurtigruten mehr Auswahlmöglichkeiten als Zeit. Man kann die Stadt sowohl auf eigene Faust erkunden als auch an verschiedenen organisierten Touren der Reederei teilnehmen. Fünf jahreszeitlich unterschiedliche Angebote gibt es nordgehend, südgehend kann man beinahe ganzjährig ein mitternächtliches Konzert in der Eismeerkathedrale erleben. Nur im April und Oktober gibt es keine Konzerte. Im Sommer werden nordgehend ein polarhistorischer Stadtrundgang, eine Seekajaktour entlang der Küste sowie ein Besuch einer Huskyfarm auf der Insel Kvaløya angeboten. Im Winterhalbjahr kann man mit diesen Huskys eine Hundeschlittenfahrt unternehmen.

Skjervøy

Abfahrt nordgehend:
Tag 5, **22.45 Uhr**
Abfahrt südgehend:
Tag 8, **19.45 Uhr**
Abfahrt südgehend April/Mai:
Tag 8, **18.30 Uhr**

Skjervøy ist das kommunale Zentrum für neun Inseln, die zu der 2000 Einwohner zählenden Gemeinde gehören. Durch eine Brücke ist auch Skjervøy an die 36 Kilometer entfernte E6 angeschlossen. Ein Katamaran verbindet Skjervøy mit Tromsø. In den Monaten April und Mai fahren die Hurtigrutenschiffe südgehend neuerdings zwischen Skjervøy und Tromsø einen kleinen Umweg durch den schönen Lyngenfjord. Dadurch ändern sich in diesen beiden Monaten die Abfahrtszeiten in Hammerfest, Øksfjord und Skjervøy.

Skjervøy liegt abseits der Verkehrsströme auf einer Insel.

LEONHARD SEPPALA UND DIE SIBERIAN HUSKYS

Leonhard Seppala (1877 bis 1967) war von der Abstammung her »kvensk«. So bezeichnet man finnischstämmige Einwanderer, die im 18. und 19. Jahrhundert nach Nordnorwegen zogen. In Alter von zwei Jahren kam Leonhard Seppala nach Skjervøy und gilt bis heute als der berühmteste Sohn der Stadt – obwohl er 1900 nach Klondyke auswanderte, um Gold zu schürfen, und zeitlebens in Alaska blieb. Dass man sich an ihn in Skjervøy erinnerte, hängt mit seinem Talent als Hundeschlittenführer zusammen.

1906 traf er erstmals Roald Amundsen, für den er die Schlittenhunde für eine Expedition trainieren sollte. Sein erstes Hundeschlittenrennen in Alaska gewann Seppala 1907, ab 1917 gewann er alle wichtigen nordamerikanischen Rennen. Einen legendären Ruf erlangte Seppala 1925, als in Nome die Diphtherie ausbrach. Wegen Temperaturen von –45 Grad und starkem Sturm konnte kein Serum eingeflogen werden. So wurde ein Staffellauf mit Hundeschlitten organisiert.

Seppala übernahm für einen Teil der Strecke das Serum und legte für diese Hilfsaktion über 500 Kilometer unter harschen Bedingungen im winterlichen Alaska mit dem Hundeschlitten zurück. Nach fünfeinhalb Tagen erreichte das Serum Nome. Die Ehre heimste jedoch sein norwegischer Landsmann Gunnar Kaasen aus Kvenangen ein, der die letzte Etappe nach Nome bewältigte. Kaasens Leithund Balto erhielt ein eigenes Denkmal im Central Park von New York. Seppala war wenig begeistert, hatte sein Leithund Togo doch die Hauptarbeit geleistet.

Seppala gehörte zu den Ersten, die Siberian Huskys einsetzten. Ihn überzeugte die Ausdauer der im Vergleich zu anderen Huskys kleineren sibirischen Huskys. Bei den Winterspielen in Lake Placid 1932 gab es einen Wettbewerb für Schlittenhunde, bei dem Seppala die Silbermedaille für die USA gewann. Seine Berühmtheit nutzte er, um Zigarettenwerbung für die Marke Lucky Strike zu machen. 1950 kehrte Seppala zum letzten Mal zurück in seine Heimatstadt Skjervøy. In Norwegen gibt es bis heute ein Hundeschlittenrennen, das nach Leonhard Seppala benannt ist. Und in Skjervøy findet sich ein kleiner Park, der seinen Namen trägt.

Eine Reise mit Hurtigruten im Winter hat ihren ganz eigenen Reiz.

Øksfjord

Abfahrt nordgehend:
Tag 6, **2.15 Uhr**
Abfahrt südgehend:
Tag 8, **15.45 Uhr**
Abfahrt südgehend April/Mai:
Tag 8, **14.45 Uhr**

Hammerfest

Aufenthalt nordgehend:
Tag 6, **5.15 bis 6.00 Uhr**
Aufenthalt südgehend:
Tag 8, **10.45 bis 12.45 Uhr**
Aufenthalt südgehend April/Mai:
Tag 8, **10.45 bis 11.45 Uhr**

Øksfjord gehört zu den Orten, die von Hurtigruten abhängig sind. »Reichsstraße Nummer eins«, so nannte man Hurtigruten früher. Für Orte wie Øksfjord mit knapp 500 Einwohnern, die bis in die nächste Stadt Alta 120 Kilometer fahren müssen, ist Hurtigruten weiterhin die Nabelschnur, die alles Lebensnotwendige in den Ort bringt. Eine große Fischölfabrik wurde in den 1980er-Jahren geschlossen, heute lebt man von Fischfang und Fischaufzucht.

Von 1789 bis 1996 war Hammerfest die nördlichste Stadt Norwegens. Dann erhielt Honningsvåg Stadtrechte und löste Hammerfest ab. Völlig zu Unrecht, meinen jedoch die verärgerten Einheimischen: Das norwegische Recht sieht den Stadtstatus nämlich erst ab 5000 Einwohner vor, Honningsvåg habe aber nur 2000, argumentiert man in Hammerfest. Pech für Hammerfest: Der Stadtstatus von Honningsvåg wurde beschlossen, bevor dieses Gesetz in Kraft trat.

Stadtplan Hammerfest

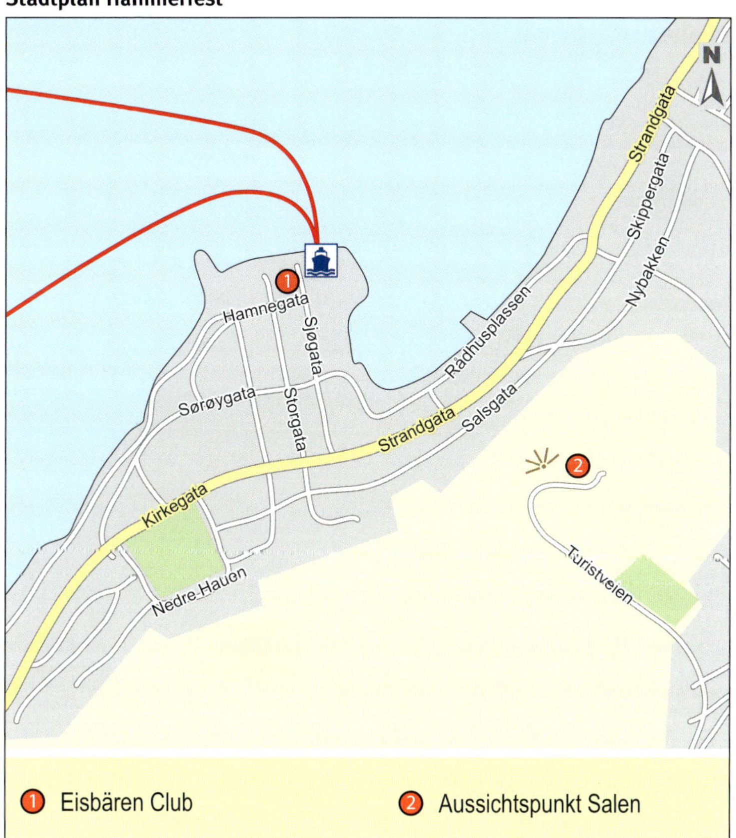

Die nördlichste Stadt zu sein, reichte in den Kindertagen des Tourismus als Argument, Hammerfest zu besuchen. Findige Bürger gründeten 1963 den Eisbärenclub oder genauer gesagt The Royal and Ancient Polar Bear Society. Wer nach Hammerfest kommt und 180 Norwegische Kronen bezahlt, darf sich die Ausstellung anschauen, bekommt eine Anstecknadel sowie eine Urkunde, dass er dort war – und wird dadurch zum Mitglied. 230 000 Mitglieder weltweit verzeichnet der Eisbärenclub. Was für eine erfolgreiche Marketingidee!

Hammerfest wurde während des Zweiten Weltkriegs während des Rückzugs der deutschen Truppen geräumt und komplett niedergebrannt, nur die Friedhofskapelle von 1937 blieb verschont. Seine Städtepartnerschaften hat sich Hammerfest sehr überlegt ausgesucht: Anchorage als eine der nördlichsten Städte Alaskas gehört ebenso dazu wie Ushuia auf Feuerland. In diesem Kreis fühlt man sich heimisch.

Vor Hammerfest im Nordmeer wurden große Gasvorkommen gefunden. Das Gasfeld Snøhvit wurde 1981 entdeckt. 2001 nahmen die Pläne, das

Hammerfest ist wichtig für die Gasförderung im Polarmeer.

Gasvorkommen zu nutzen, Form an; 2002 beschloss das norwegische Parlament, den Ausbau zu erlauben, was zu starken Protesten von norwegischen Umweltschützern führte. 2007 ging die Anlage in Betrieb. Über eine 143 Kilometer lange unterseeische Pipeline wird das Gas auf die teilweise künstlich angelegte Insel Melkøya vor Hammerfest gepumpt. Umweltschützer kritisieren vor allem den großen CO_2-Ausstoß der Anlage. Über der Anlage wird ständig Gas abgefackelt, sodass eine große Flamme weit zu sehen ist.

Havøysund

Abfahrt nordgehend:
Tag 6, **9.15 Uhr**
Abfahrt südgehend:
Tag 8, **8.00 Uhr**

Havøysund ist ein Fischerdorf an der nordwestlichen Spitze der Porsanger-Halbinsel.
Zwei Fischfabriken und die nördlichste Klippfischherstellung kann die 1000-Seelen-Gemeinde vorweisen. Von See aus ist der große Windpark zu sehen, den Norsk Hydro hier erbauen ließ.

Bescheidenes Augustwetter in Havøysund.

Honningsvåg

Aufenthalt nordgehend:
Tag 6, **11.15 bis 14.45 Uhr**
Abfahrt südgehend:
Tag 8, **5.45 Uhr**

Durch den Måsoysund fährt das Schiff auf die Insel Mageroya zu: Das Nordkap ruft. Wo früher eine Fähre den Magerøysund kreuzte, verbindet heute ein Tunnel das Festland mit der Insel, auf der das Nordkap liegt. Noch einmal leicht nach Backbord drehen, dann kommt Honningsvåg in Sicht. Natürlich profitiert die nunmehr nördlichste Stadt Norwegens vom Tourismusmagneten Nordkap. Drei Hotels, eine Tankstelle und ein Anleger für Kreuzfahrtschiffe zeugen von der Anziehungskraft. Über 100 Anläufe von Kreuzfahrtschiffen zählt Honningsvåg jedes Jahr, Tendenz steigend.

Trotzdem kann die Kleinstadt nicht verleugnen, dass sie eigentlich eine Zwecksiedlung für Fischer ist, ein kleines Verwaltungszentrum und keine Touristenstadt. Am Kai finden sich die allfälligen Souvenirhändler, bei denen man Rentierfelle und andere Dinge kaufen kann, von denen man vorher nicht wusste, dass man sie unbedingt braucht. Gutes samisches Kunsthandwerk ist hier eher selten.

Landgang

Was soll man 3,5 Stunden in Honningsvåg machen? Natürlich einen

Stadtplan Honningsvåg

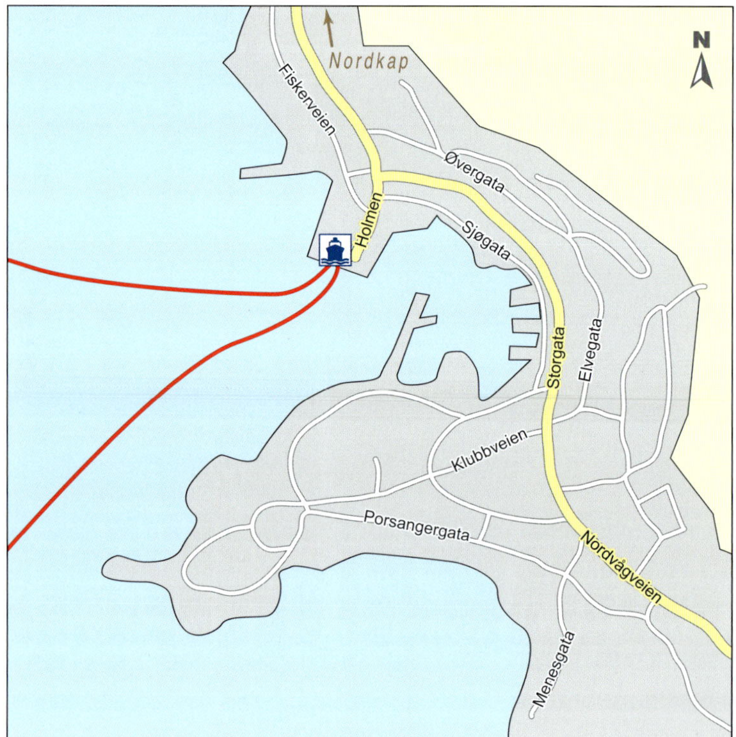

Das Dorf Kamøyvær auf der Nordkapinsel Magerøya.

Ausflug zum Nordkap, für den der Bus direkt am Schiff wartet. Wenn man noch nie dort gewesen ist, ist das Nordkap trotz der Touristenmassen beeindruckend. 307 Meter über dem Meer liegt diese Klippe und die Vorstellung, dass zwischen Nordkap und Nordpol nur noch Wasser und Eis kommen, gibt dem Ausblick Gewicht. Nirgendwo wird das Ende Europas so deutlich wie am Nordkap.

Zwar wird für die Nordkaphalle ein recht happiger Eintritt verlangt, aber wenn man schon mal hier ist, schaut keiner mehr so genau auf den Preis. Die Tradition, dass man am Nordkap ein Gläschen Champagner trinkt, lässt die Kassen erneut klingeln. Und der größte Souvenirladen nördlich des Polarkreises leert die Reisekasse weiter. Es gehört ein wenig Beherrschung dazu, am Nordkap das

Die Richard With *hat in Honningsvåg festgemacht.*

Der Höhepunkt der Reise ist für viele ein Besuch am Nordkap.

Geld beisammenzuhalten. Schönes Wetter hilft: Dann sind alle auf dem Plateau vor der Halle und genießen die Aussicht. Oft aber ziehen niedrige Wolken über den Nordkapfelsen und die Sicht tendiert gen null. Das Nordkap ist ein Ort zwiespältiger Gefühle: Es könnte großartig sein, wenn man es gerade allein entdeckt hätte.

Wenn aber 70 Busse herumstehen – und das kommt vor –, ist das einsame Erlebnis dieser grandiosen Natur nicht möglich.

Eine gute Alternative ist der Ausflug nach Gjesvær, der nur nordgehend angeboten wird. Das Fischerdorf liegt ebenfalls auf der Insel Magerøya, zieht aber nur einen Bruchteil der Besucher des Nordkaps an. Hier startet ein Bootsausflug zu einer vorgelagerten Insel, auf der eine Papageitaucherkolonie zu Hause ist. Die possierlichen Vögel sind mit ihren bunten Schnäbeln ein beliebtes Fotomotiv.

Südgehend wird das Nordkap als Frühstücksausflug angeboten. Zugestiegen wird erst wieder in Hammerfest, man kann also noch die Fahrt am Porsangerfjord entlang nach Olderfjord und dann durch das Inland nach Hammerfest genießen.

Petri heil am Porsangerfjord.

Kjøllefjord

Abfahrt nordgehend:
Tag 6, **17.15 Uhr**
Abfahrt südgehend:
Tag 8, **3.00 Uhr**

Das Schiff erreicht nun nordgehend – eigentlich nimmt es jetzt Kurs nach Osten – die Gebiete der Finnmark, in denen der Nutzen von Hurtigruten als Transportmittel augenfällig wird. Von Honningsvåg rund um den Porsangerfjord sind es über 300 Kilometer bis Kjøllefjord, also fast eine Tagesreise. Das Schiff braucht hingegen quer über den Fjord nur 2,5 Stunden. Kjøllefjord liegt am Ende einer tief eingeschnittenen Bucht. Auf der Steuerbordseite taucht eine spitze Felsformation auf. Finnkirka werden die Felsen genannt, weil sie in Form und Größe an eine Kirche erinnern. Man vermutet, dass hier einst ein samischer Opferplatz lag.

Kjøllefjord ist vermutlich seit dem 16. Jahrhundert ein Handelsplatz, die geschützte Lage am Ende der Bucht sorgt für einen natürlichen Hafen. 1685 gab es hier einen selbstständigen Kaufmann und drei Mitarbeiter, die im Auftrag Bergenser Kaufleute Handel trieben. Bis heute leben die rund 900 Einwohner hauptsächlich von Fischfang und Fischverarbeitung. Der alte Hurtigrutenkai lag im Ortszentrum, der neue befindet sich etwas außerhalb, sodass man während der kurzen Liegezeit nicht in den Ort gehen kann. Beim Anlaufen fährt das Schiff aber für das Wendemanöver nah am alten Anleger vorbei.

Landgang

Im Winter wird eine Snowmobilfahrt von Kjøllefjord nach Mehamn über das Fjell angeboten. 32 Kilometer sind es auf der Straße, die nun während des gut zweistündigen Ausflugs mit dem Snowmobil zurückgelegt werden. Bei den gelegentlich doch recht harschen Wetterbedingungen erwartet die Gäste eine kernige Tour,

Die imposante Einfahrt nach Kjøllefjord.

Der neue Anleger von Kjøllefjord liegt abseits des Ortes.

die gute Kondition erfordert. Dieser Ausflug findet vom 15. Dezember bis zum 10. Mai statt, also wenn hierzulande längst der Flieder blüht. Die frühen Termine liegen noch in der Dunkelzeit, während an den letzten Terminen schon die Mitternachtssonne zu sehen ist. Die Snowmobilfahrt kann sowohl nord- als auch südgehend gebucht werden.

Mehamn

Abfahrt nordgehend:
Tag 6, **19.30 Uhr**
Abfahrt südgehend:
Tag 8, **1.00 Uhr**

Mehamn liegt wie Kjøllefjord auf der Halbinsel Nordkyn, Kjøllefjord auf der westlichen Seite, Mehamn auf der Nordseite. Eine gemeinsame Straße verbindet diese beiden Dörfer mit dem Rest der Region Finnmark. Die Hochebene, über die besagte Straße führt, weist kaum mehr als 300 Höhenmeter auf. Trotzdem wirkt sie nahezu alpin, kein Baum, kein Strauch wächst auf der von Wind umtosten Ebene. Im Winter ist die Straße oft wegen Schneeverwehungen gesperrt. Dann muss man Geduld haben. Es gibt Stellplätze, wo man auf den Schneepflug wartet. Zu festen Zeiten ist dann Kolonnenfahren hinter dem Schneepflug angesagt. Gibt es ein besseres Argument für einen ganzjährigen Liniendienst mit Hurtigruten? Nicht mehr angelaufen wird Gamvik auf der Südseite der Halbinsel, das von 1911 bis 1990 der nördlichste Hafen von Hurtigruten war. Heute leben hier noch 200 Einwohner, die über eine schmale Straße mit Mehamn verbunden sind. Die Fischfabrik geschlossen, der Hurtigrutenanlauf eingestellt: Heute ist Gamvik mehr ein Museum als ein lebendiges Fischerdorf.

Mehamn machte 1903 Schlagzeilen: 1500 Fischer griffen die örtliche Walfangstation an. Sie waren der Ansicht, dass zu viele Wale gejagt wurden und dass deshalb der Dorsch ausblieb. Sie glaubten, dass die Walfänger ihre Existenzgrundlage

Mehamn liegt auf der Halbinsel Nordkyn.

bedrohten. Als der Besitzer der Walfangstation einem Fischerboot mit defektem Ruder untersagte, seinen Kutter in Mehamn zu reparieren, war das Maß voll. Am 3. Juni 1903 versammelten sich 300 Fischer zum Protest. Der Konflikt eskalierte: Am zweiten Tag stürmten 1500 Fischer die Walfangstation und legten sie in Trümmer. Zeitzeugen berichten, dass die Fischer alle nüchtern waren und dass nach erledigter »Arbeit« die Nationalhymne gesungen wurde. Die örtliche Obrigkeit konnte nur hilflos zuschauen.

Das Militär wurde gerufen, um die übrigen Walstationen in der Finnmark zu schützen. Elf Fischer wurden zu kurzen Haftstrafen verurteilt. Wichtiger aber war, dass durch diesen Aufruhr das Parlament in Oslo auf die Problematik aufmerksam wurde und in der Folge erstmals Fangquoten festgelegt wurden.

Molen aus Tetraedern schützen den Hafen von Berlevåg.

Berlevåg

Abfahrt nordgehend:
Tag 6, **22.00 Uhr**
Abfahrt südgehend:
Tag 7, **22.15 Uhr**

In Berlevåg begegnen sich das nord- und das südgehende Schiff vor der Einfahrt. Wieder wurde mit dem Tanafjord ein breiter Meeresarm überquert – an Land 320 Kilometer von Mehamn entfernt, auf dem Meer weniger als drei Stunden. Berlevågs wiederkehrendes Thema ist die Mole, die den Hafen vor den Unbilden des Nordmeers schützen soll. Vier Molen wurden zwischen 1910 und 1970 gebaut, die regelmäßig wieder von Stürmen zerstört wurden. Seit die lange Varnesmole 1970 fertiggestellt wurde, schützen Tetraeder aus Beton die Einfahrt nachhaltig. Über die Schönheit mag hier niemand strei-

ten, die Tetraeder müssen effektiv schützen – und so wurden sie zum Symbol für Berlevåg.

Per Straße ist der Ort nicht immer zu erreichen. Die Küstenstraße zwischen Kongsfjord, das ebenfalls lange Jahre von Hurtigruten angelaufen wurde, und Berlevåg ist bei Sturm schwer passierbar. Da findet man schon mal ein Fischerboot auf der landseitigen Straßenseite. Sogar ein ganzer Bus wurde hier schon von der Straße geweht. Problematisch sind dabei vor allem Fallwinde, die sich schwer einschätzen lassen.

In Berlevåg können sich die Passagiere nur auf dem Kai die Füße vertreten, der Fußweg in den Ort ist zu weit. Landesweite Aufmerksamkeit bekam Berlevåg 2001 durch einen Film über den Männergesangsverein der 1100 Einwohner zählenden Gemeinde.

Båtsfjord

Abfahrt nordgehend:
Tag 7, **0.15 Uhr**
Abfahrt südgehend:
Tag 7, **20.15 Uhr**

In der Mitte zwischen Berlevåg und Båtsfjord, die beide auf dem westlichen Teil der Varanger-Halbinsel liegen, findet sich das Dorf Kongsfjord, das bis 1975 von Hurtigruten angelaufen wurde. Ehemals ein wichtiger Handelsplatz, verlor der Ort an Bedeutung, immer mehr Menschen zogen weg. 2004 schloss die örtliche Schule, weil es zu wenige Kinder gab. Die verbliebenen Kinder fahren nun ins 30 Kilometer entfernte Berlevåg.

Båtsfjord hingegen hat sich prächtig entwickelt. Mit über 2000 Einwohnern ist es einer der größeren Orte an der Finnmarkküste. Das hat vor allem mit der Fischerei zu tun: Rund 10 000 Bootsanläufe jährlich zählt der Hafen, die meisten davon sind kleine Fischkutter. Früher gab es hier auch drei Walfangstationen, die aber Eignern aus Sandefjord in Südnorwegen gehörten. Sandefjord am Oslofjord war das Zentrum des industriellen Walfangs in Norwegen, der von etwa 1850 bis zum Winter 1967/1968 betrieben wurde. Seither gibt es in Nordnorwegen nur noch den Küstenwalfang mit geringen Fangmengen und kleinen Schiffen.

Båtsfjord zählt zu den größten Fischerorten der Finnmarkküste.

FASZINATION NORDLICHT

Flackernde farbige Lichter illuminieren den winterlichen Himmel. Früher machte das Naturphänomen den Menschen Angst, es rankten sich Mythen um das Nordlicht. Wer dem Nordlicht winkt, den holt es sich, lernten kleine Kinder im Norden. Heute ist der Aberglauben gewichen, die Wissenschaft hat die Aurora borealis entschlüsselt, aber nicht entzaubert. Es gibt verschiedene Formen des Nordlichts: Oft beginnt es am Nachmittag mit schwachen Lichtbögen am Himmel, die sich nur wenig bewegen. Abends nimmt die Intensität zu, die Bewegungen verstärken sich. Die gleichmäßigen, bis zu 50 Kilometer breiten Bögen gehen in kräftige Strahlen über. In einer Nacht können mehrere Nordlichtausbrüche zu sehen sein, vornehmlich in der Zeit von 18 bis 22 Uhr, der Zeit der sogenannten magnetischen Mitternacht. Das Nordlicht ist an keine Jahreszeit gebunden, aber nur bei Dunkelheit zu sehen. Deshalb glauben viele Menschen, das Nordlicht käme nur im Winter vor.

Der Schwede Anders Celsius (1701 bis 1744) stellte als Erster fest, dass es einen Zusammenhang zwischen dem Nordlicht, magnetischen Störungen und der Aktivität der Sonne gibt.

Mit den Arbeiten des norwegischen Physikers Kristian Birkeland, die zwischen 1898 und 1913 erschienen, begann die moderne Nordlichtforschung. Ursache des Nordlichts sind die sogenannten Sonnenwinde, ein Strom von Partikeln, den die Sonne freisetzt. Diese Partikel dringen an beiden Polen in die Erdatmosphäre ein, wo die magnetische Abschirmung am schwächsten ist. Wenn die energiereichen Elektronen und Protonen in der Erdatmosphäre mit neutralen Gaspartikeln kollidieren, wird das Gas ionisiert und in einen weniger stabilen Zustand gebracht, sodass es die zugeführte Energie in Form von Licht abgibt. Die unterschiedlichen Farben des Nordlichts hängen von der zugeführten Energiemenge und von der Dichte der atmosphärischen Gase ab. Das Nordlicht wird unter anderem an der Universität Tromsø erforscht, auch im nordschwedischen Kiruna gibt es eine Forschungsstation.

Nordlicht kann in vielen verschiedenen Farben vorkommen.

Die Trollfjord *erreicht den Hafen von Vardø.*

Vardø

Abfahrt nordgehend:
Tag 7, **3.30 Uhr**
Abfahrt südgehend:
Tag 7, **16.45 Uhr**

Der östlichste Punkt der Reise ist in Vardø erreicht. Kaum zu glauben, aber Vardø liegt weiter östlich als Istanbul. Über einen kurzen Auto-tunnel ist die Stadt auf der Insel mit dem Festland der Varanger-Halbinsel verbunden. Eigentlich müsste Vardø eine andere Zeitzone haben und ähnlich wie Finnland die Osteuropäische Zeit (OEZ) einführen. Vardø liegt 20 Grad östlich von Oslo, der rechnerische Zeitunterschied beträgt 1 Stunde und 20 Minuten. Vardø zählt zu den ältesten Sied-

Büste des niederländischen Entdeckers Willem Barents in Vardø.

Stadtplan Vardø

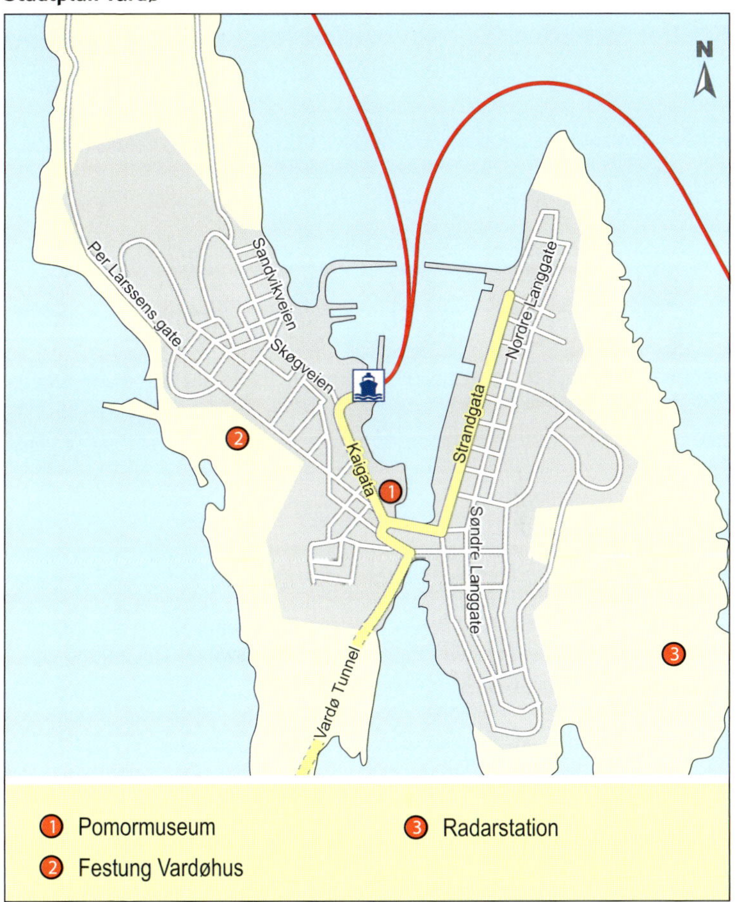

lungen Norwegens: Bereits im 13. Jahrhundert ließ König Håkon V. Magnusson hier eine Festung errichten, um die Besitzansprüche Norwegens zu untermauern. Bis heute ist die Festung Vardøhus erhalten, die im Lauf der Jahrhunderte immer wieder umgebaut wurde. So stammen die Wallanlagen aus den Jahren 1734 bis 1738. Die Vardøhus untersteht militärisch der Festung Akershus in Oslo, ein Kommandant und vier Wehrpflichtige leisten Dienst auf diesem Außenposten. In erster Linie aber ist die Vardøhus eine touristische Attraktion. Beim südgehenden Schiff stehen schon zwei Mitglieder des Freundeskreises der Festung in historischen Uniformen am Hurtigrutenkai und erwarten die Gäste, die sie mit auf einen kurzen Spaziergang zur Burg nehmen. Dies ist kein offizieller Landausflug von Hurtigruten, sondern wird durch örtliche Enthusiasten organisiert. Durch die (moderaten) Eintrittsgelder tragen die Touristen aus aller Welt dazu bei, die Festung zu erhalten.

In der Festung Vardøhus.

DER POMORHANDEL MIT RUSSLAND

Händler aus Novgorod errichteten schon früh Handelsstationen an der Küste der Kola-Halbinsel, vor allem am Weißen Meer. Die Siedler, die sich im 12. und 13. Jahrhundert dort niederließen, werden als Pomoren bezeichnet. Sie unterhielten Beziehungen, die im Osten bis zum Ural reichten, im Westen bis nach Bodø. Früh begann ein Handel zwischen den russischen und norwegischen Küstenbewohnern im Norden. Korn gegen Fisch, Felle gegen Salz, der sogenannte Pomorhandel erreichte in den Jahren 1740 bis 1917 seinen Höhepunkt. Beide Seiten profitierten von den Tauschgeschäften, doch die russische Revolution setzte dem Handel ein Ende.

1789 erhielten Vardø und Hammerfest gleichzeitig das Stadtrecht, sie profitierten besonders vom Pomorhandel. Während der englischen Handelsblockade gegen Dänemark-Norwegen in den napoleonischen Kriegen erlangte der Pomorhandel eine landesweite Bedeutung für Norwegen.

Ende des 19. Jahrhunderts kamen jedes Jahr rund 300 Pomorschiffe mit 2000 Mann Besatzung nach Nordnorwegen. Die Händler beider Seiten sprachen eine gemeinsame Sprache, die sich überwiegend aus norwegischen und russischen Wörtern zusammensetzte, aber auch samische, englische, deutsche und niederländische Begriffe aufnahm. Die Sprache ist ausgestorben, aber es gibt schriftliche Aufzeichnungen.

Die Norweger glaubten, sie sprächen russisch, die Russen glaubten, sie würden norwegisch sprechen. Als immer öfter norwegische Bürger ihre Kinder zum Studium nach Archangelsk schickten, wurde das »Russenorsk« verdrängt. In Vardø gibt es ein kleines Museum, das sich dem Pomorhandel widmet.

Vadsø

Abfahrt nordgehend:
Tag 7, **7.15 Uhr**
Südgehend:
kein Anlauf

Vadsø wird nur nordgehend angelaufen, wobei die Richtungsangabe hier nun gar nicht mehr stimmt: Um von Vardø nach Vadsø zu gelangen, muss das Schiff einen südwestlichen Kurs in den breiten Varangerfjord hinein einschlagen. Auf der Rückreise fährt das Schiff von Kirkenes direkt nach Vardø. Gäste, die von Vadsø aus nach Süden fahren wollen, müssen den Aufenthalt in Kirkenes in Kauf nehmen.

Vadsø ist eine lang gezogene Stadt. Eine flache Insel im Varangerfjord ist über eine Brücke mit der Stadt

Plakette für Amundsen und Nobile.

verbunden. Ein unscheinbarer stählerner Mast hat hier Geschichte geschrieben: An diesem Mast machte im Mai 1926 das Luftschiff Norge fest, mit dem Roald Amundsen und Umberto Nobile als Erste den Nordpol überfliegen wollten. Amundsen genoss in Norwegen den Status eines Nationalhelden, der wie Nansen für die junge Nation nach dem Erreichen ihrer Selbstständigkeit 1905 eine der Identifikationsfiguren war. Amundsen und Nobile flogen von Vadsø weiter nach Spitzbergen und überquerten auf ihrem Weg nach Nome in Alaska den Nordpol. Zwar hatte der US-Amerikaner Byrd behauptet, wenige Tage zuvor mit seinem Flugzeug den Pol umkreist zu haben, doch konnte er dies nie beweisen. 70 Stunden dauerte der Flug von Spitzbergen nach Alaska 1926.

Da der wissenschaftliche Wert der ersten Expedition eher gering war, startete Nobile 1928 zu einer zweiten Polarexpedition mit seinem neuen

Der Luftschiffmast von Vadsø.

Luftschiff Italia. Nobile stürzte im Eismeer ab, das Luftschiff ging verloren. Auf der Suche nach Nobile ist Roald Amundsen ums Leben gekommen. Sein Flugzeug stürzte im Juni 1928 nahe der Bäreninsel ab. Trotz einer groß angelegten Suchaktion der norwegischen Marine mit modernen Mitteln in den Jahren 2008 und 2009 wurde das Wrack nie gefunden. Aber in Vadsø steht noch der Luftschiffmast, an dem die beiden Zeppeline 1926 und 1928 festmachten.

Kirkenes

Ankunft nordgehend:
Tag 7, **9.00 Uhr**
Abfahrt südgehend:
Tag 7, **12.30 Uhr**

Der nordöstliche Wendepunkt der Reise ist erreicht: Kirkenes. Von der Stadt sehen die Gäste wenig, wenn sie an Bord bleiben, denn der Anleger befindet sich außerhalb des Zentrums. Dafür werden in Kirkenes viele Landausflüge angeboten. Kirkenes ist geprägt durch die Erzgruben, die früher bis zu 1500 Menschen beschäftigten. 1996 kam der Erzabbau zum Erliegen; es gibt aber Versuche, den Tagebau von Eisenerz wieder aufzunehmen. Jedoch wurden diese Pläne aufgrund der Finanzkrise 2009 verschoben.

Viele Straßenschilder in Kirkenes sind sowohl mit lateinischen als auch kyrillischen Buchstaben beschriftet, denn seit Ende der Sowjetunion hat der norwegisch-russische Handel im Norden wieder Fahrt aufgenommen. 1993 entstand auf Initiative des damaligen Außenministers Thorvald Stoltenberg die sogenannte Kirkenes-Erklärung zur Zusammenarbeit in der Barentssee. Kirkenes wurde Sitz des internationalen Barents-Sekretariats. Jens Stoltenberg blieb es als norwegischem Staatsminister vorbehalten, am 27. April 2010 die Arbeit seines Vaters fortzuführen: Stoltenberg und der russische Präsident Medwedew unterzeichneten ein

Die große Weite des Nordens bei Kirkenes.

Stadtplan Kirkenes

Abkommen, das ungelöste Fragen der Grenzziehung im Meer klärte. Der Personenverkehr nach Murmansk wurde leichter, beim Warenverkehr sind sich beide Seiten einig, dass er noch einfacher werden muss. Wer Murmansk besuchen möchte, sollte zwei zusätzliche Tage einplanen.

Landgang

Sechs verschiedene Ausflüge bietet Hurtigruten an, drei im Winter und drei im Sommer. Die Fahrt im Bus zur russischen Grenze bei Storskog dauert inklusive der Stadtrundfahrt durch Kirkenes etwa 2 Stunden. Abenteuerlicher ist die Fahrt mit Boo-ten den Fluss Pasvikelva hinauf. Mit etwas Glück kann man an den Ufern Bären sehen, denn hier ist eine große Braunbärpopulation heimisch. Wer es noch aktiver mag, kann die Tour zur russischen Grenze auch mit dem Quad machen.

Im Winter stehen die ortsüblichen Verkehrsmittel zur Wahl: Per Snowmobil oder mit dem Hundeschlitten geht es durch die verschneite Landschaft rund um Kirkenes. Alternativ dazu kann man auch dem Schneehotel einen Besuch abstatten. Es liegt in der Nähe eines Rentierparks, sodass man auch zahme Rentiere zu Gesicht bekommt.

DIE SAMEN

Die Samen sind die Urbevölkerung Lapplands. Ihr Siedlungsraum erstreckt sich über das Staatsgebiet von Russland, Finnland, Schweden und Norwegen – überwiegend nördlich des Polarkreises. Samisch ist eine eigene Sprache, die sich aber aus vielfältigen Dialekten zusammensetzt. Zwischen 50 000 und 80 000 Samen leben in Lappland, schätzen samische Organisationen, etwa ein Drittel davon spricht noch Samisch. Sápmi heißt das Siedlungsgebiet auf Samisch, die Samen haben sogar eine eigene Fahne.

Nach Jahrhunderten der Unterdrückung und Norwegisierung ist Samisch heute eine offizielle Sprache in Norwegen, in Nordnorwegen müssen Amtshandlungen auch auf Samisch erfolgen können.

Die Anerkennung als Minderheit haben sich die Samen in den 1970er-Jahren erstritten. Damals wurden in Norwegen die Pläne zum Bau des Staudamms am Fluss Altaelva kritisch bewertet. In einem Akt zivilen Ungehorsams wurde die Baustelle 1979 blockiert, was zu einem massiven Polizeieinsatz mit 600 Polizisten aus ganz Norwegen führte. Der Widerstand kam sowohl von Umweltorganisationen als auch von samischer Seite. 1982 war dann jedoch klar, dass der Staudamm gebaut würde, die Widerstandsbewegung löste sich auf.

Die Rechte der Samen waren bereits nach dem Zweiten Weltkrieg Thema in Norwegen, da die Assimilierungspolitik des 19. Jahrhunderts mittlerweile ausgedient hatte. Aber erst die Auseinandersetzungen um den Alta-Staudamm führten dazu, dass auch das Recht auf Landbesitz sowie das Recht auf Landnutzung durch die Samen neu diskutiert wurden. 1987 wurde das Samengesetz verabschiedet, das die Grundlage für ein eigenes samisches Parlament bildet, das Sameting. Die Rechte der Samen wurden in der norwegischen Verfassung festgeschrieben. Die erste Wahl zum Sameting fand 1989 statt. Es hat seinen Sitz in Karasjok in der Region Finnmark.

Erdhaus einer Samenfamilie in Hammerfest.

Ehrenamtliche Freunde der Festung warten in Vardø auf Gäste.

MS FINNMARKEN

Erster Einsatz für Hurtigruten: 20. April 2002
Ersatz für: MS LOFOTEN (1964)
Werft: Kværner Kleven Werft, Ulsteinvik
Länge: 138,50 Meter
Breite: 21,50 Meter
Passagiere: 1000
Autostellplätze: 47

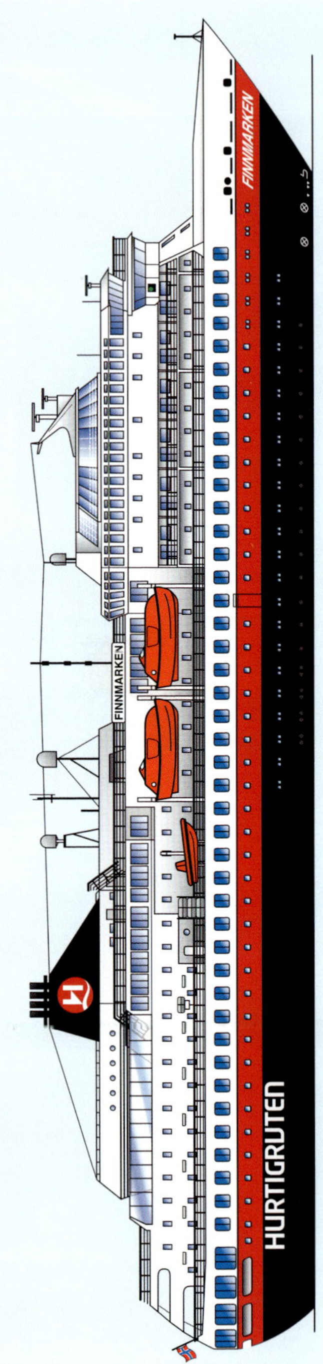

MS Kong Harald

Erster Einsatz für Hurtigruten:	6. Juli 1993
Ersatz für:	MS Polarlys (1952)
Werft:	Volkswerft Stralsund
Länge:	121,80 Meter
Breite:	19,20 Meter
Passagiere:	691
Autostellplätze:	45

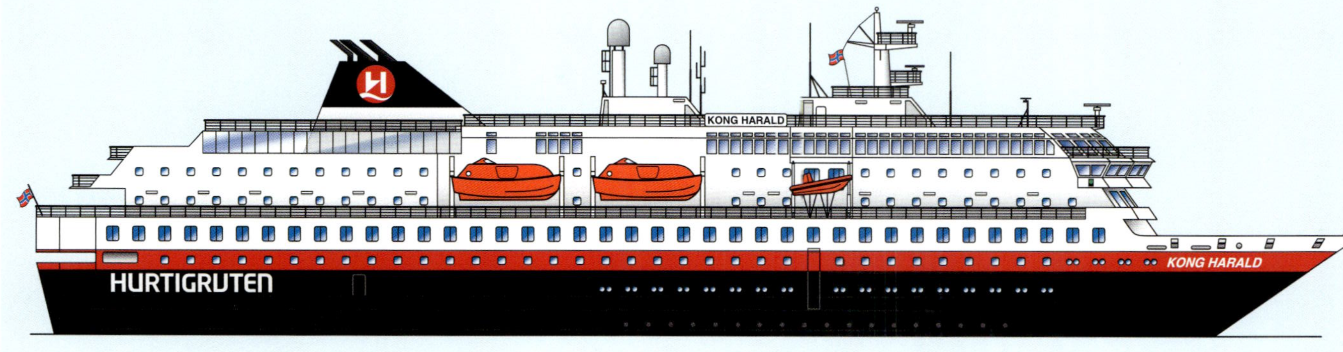

MS LOFOTEN

Erster Einsatz für Hurtigruten:	5. März 1964
Ersatz für:	MS LOFOTEN (1932)
Werft:	Aker Mekaniske Verksted, Oslo
Länge:	87,40 Meter
Breite:	13,20 Meter
Passagiere:	400
Autostellplätze:	früher 4, jetzt 0

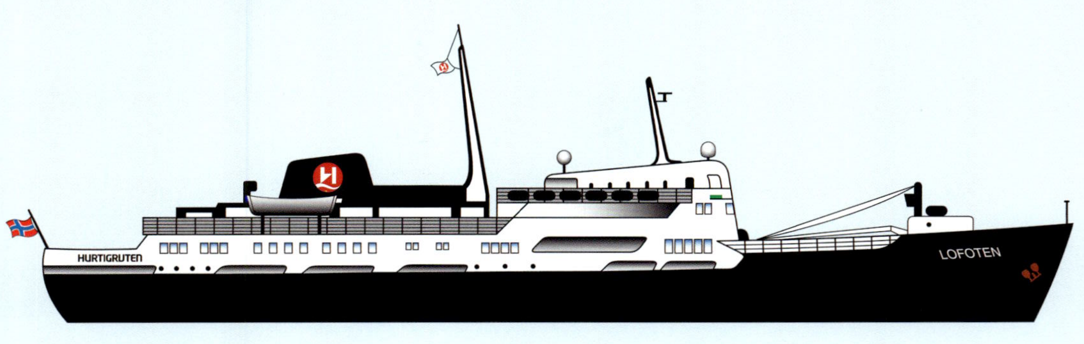

MS Midnatsol

Erster Einsatz für Hurtigruten:	15. April 2003
Ersatz für:	MS Midnatsol (1982)
Werft:	Fosen Mekaniske Verksteder, Rissa
Länge:	135,75 Meter
Breite:	21,50 Meter
Passagiere:	1000
Autostellplätze:	45

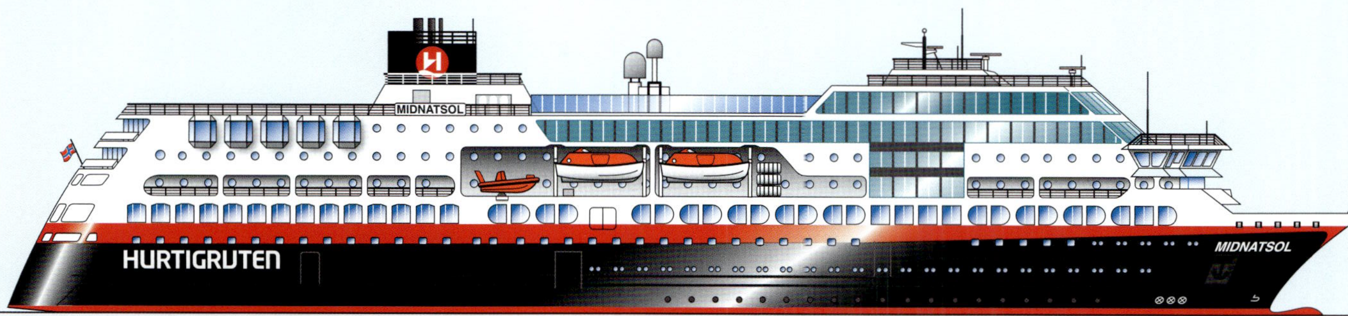

MS Nordkapp

Erster Einsatz für Hurtigruten:	2. April 1996
Ersatz für:	MS Nordnorge (1964)
Werft:	Kværner Kleven Verft, Ulsteinvik
Länge:	123,30 Meter
Breite:	19,50 Meter
Passagiere:	691
Autostellplätze:	45

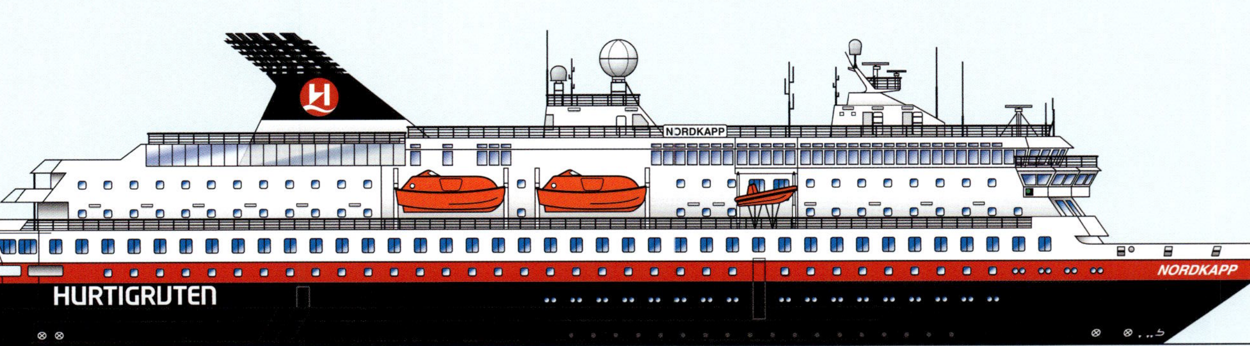

MS NORDLYS

Erster Einsatz für Hurtigruten:	4. April 1994
Ersatz für:	MS NORDSTJERNEN (1956)
Werft:	Volkswerft Stralsund
Länge:	121,80 Meter
Breite:	19,20 Meter
Passagiere:	691
Autostellplätze:	45

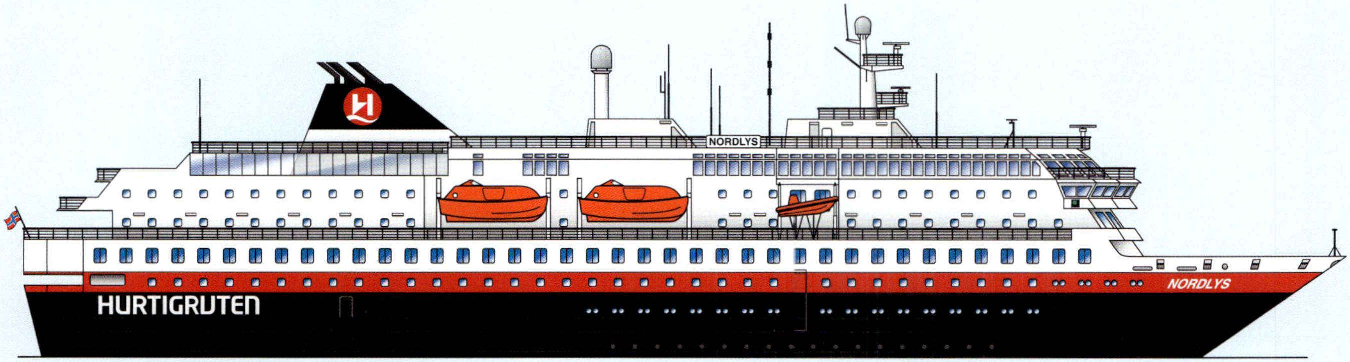

MS NORDNORGE

Erster Einsatz für Hurtigruten:	29. April 1997
Ersatz für:	MS Kong Olav (1964)
Werft:	Kværner Kleven Verft, Ulsteinvik
Länge:	123,30 Meter
Breite:	19,50 Meter
Passagiere:	691
Autostellplätze:	45

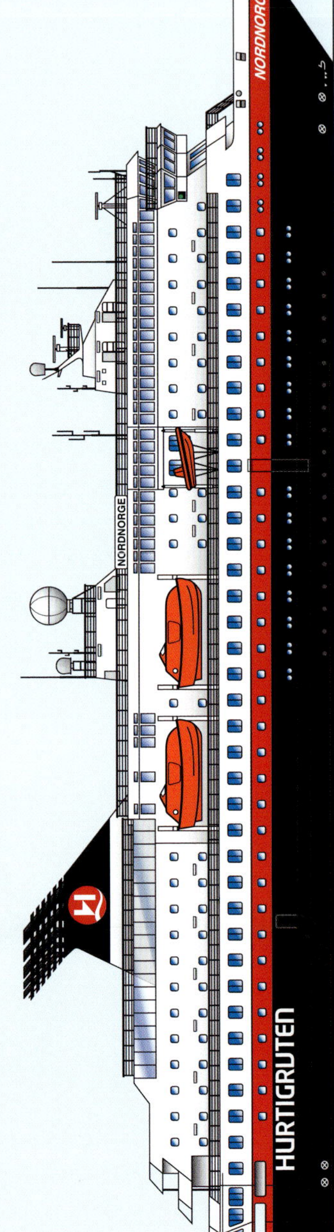

MS Polarlys

Erster Einsatz für Hurtigruten:	17. April 1996
Ersatz für:	MS Nordstjernen (1956)
Werft:	Ulstein Verft, Ulsteinvik
Länge:	123,00 Meter
Breite:	19,50 Meter
Passagiere:	737
Autostellplätze:	35

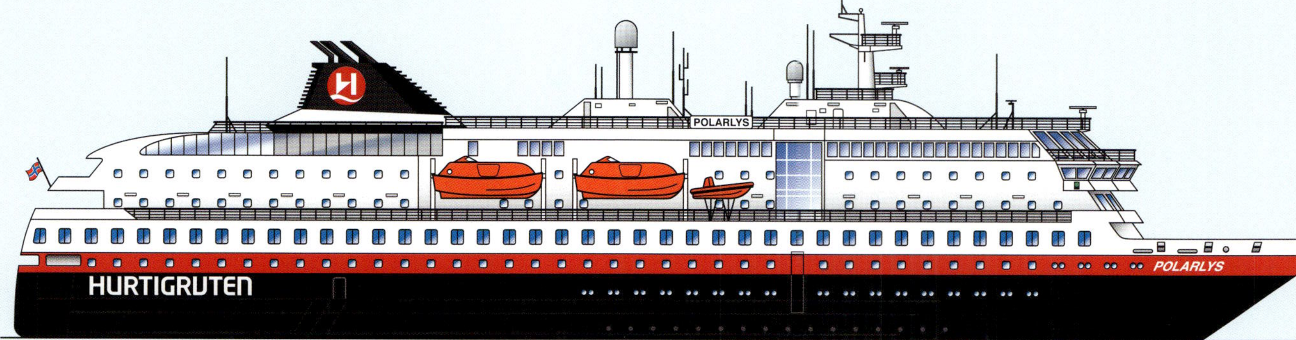

MS Richard With

Erster Einsatz für Hurtigruten: 20. Dezember 1993

Ersatz für:	MS Finnmarken (1956)
Werft:	Volkswerft Stralsund
Länge:	121,80 Meter
Breite:	19,20 Meter
Passagiere:	691
Autostellplätze:	45

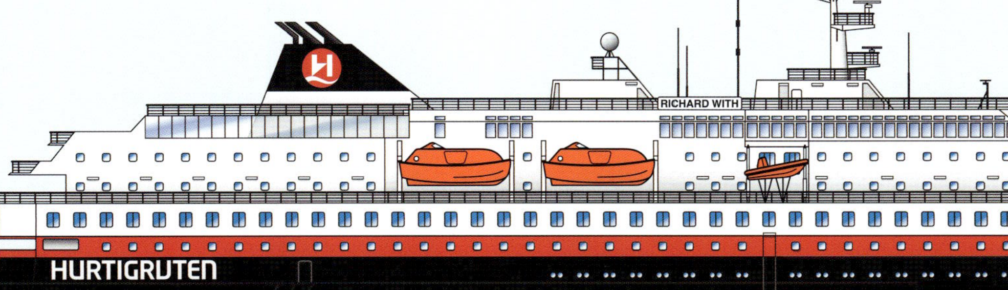

MS Trollfjord

Erster Einsatz für Hurtigruten:	18. Mai 2002
Ersatz für:	MS Harald Jarl (1960)
Werft:	Fosen Mekaniske Verksteder, Rissa
Länge:	135,75 Meter
Breite:	21,50 Meter
Passagiere:	822
Autostellplätze:	45

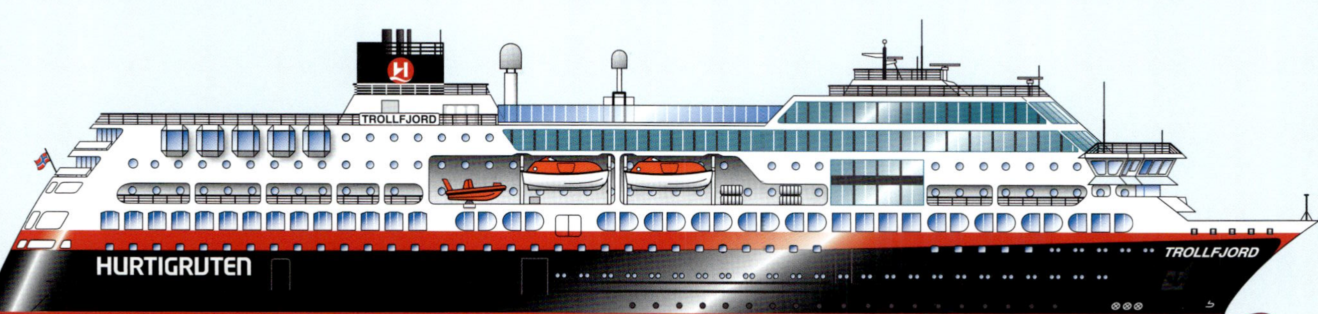

MS Vesterålen

Erster Einsatz für Hurtigruten: 17. Februar 1983
Ersatz für: MS Vesterålen (1950)
Werft: Kaarbø Mekaniske Verksted, Harstad
Länge: 108,00 Meter
Breite: 16,50 Meter
Passagiere: 510
Autostellplätze: 35

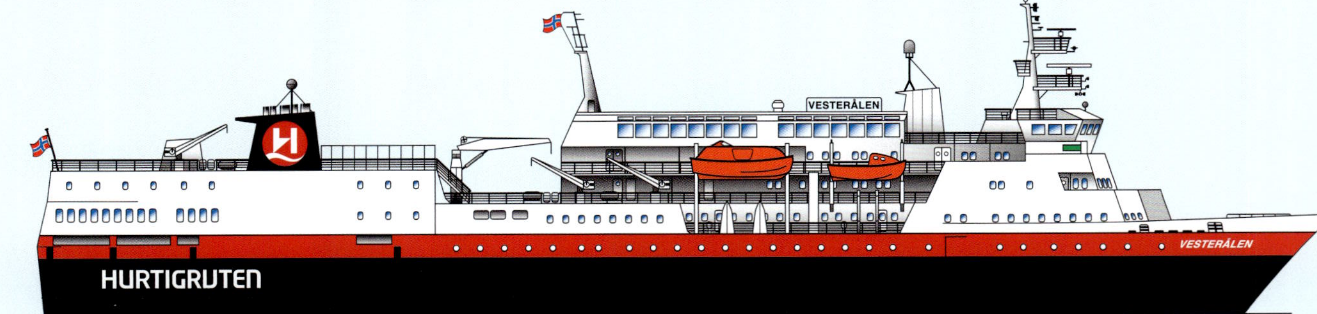

Schiffsregister

Ortsregister